Robert Moran

L'Art Contemporain

ou

Vol au-dessus d'un nid de coquins

L'auteur

Né en 1932 à la veille d'une des plus sanglantes périodes de l'histoire, l'auteur se dit avoir été marqué par les malheurs de l'Espagne et ceux de toutes les victimes du grand dernier massacre mondial. Il a travaillé sa vie durant comme Rédacteur en Chef de revues techniques spécialisées et /ou grand public qu'il a le plus souvent imaginées et développées. Correspondant-pigiste de grands quotidiens (Le Figaro, Le Monde, les Échos, etc.) il a écrit plusieurs livres d'Art consacrés au dessin et à la peinture. Son ouvrage **SECRETS de PEINTRES** est un livre technique de référence.

En 1980, Robert MORAN a créé sa maison d'édition et lancé ce qui fut la première revue grand public consacrée aux techniques d'art et d'artisanat d'art.

Cette *« petite encyclopédie »* des techniques anciennes et modernes est aujourd'hui disparue. En son temps la revue a promu quelques artistes et artisans d'art qui de nos jours font autorité dans leur domaine.

Artiste peintre lui-même, l'auteur a exposé au Salon des Indépendants, à celui du Dessin et de la Peinture à l'eau et au Salon des Artistes français. Il fut plusieurs années membre du bureau du Groupe Figuration Critique. Certains de ses tableaux figurent dans des collections privées aux USA, au Japon, en France, en Espagne et en Italie... Animateur quelque temps de l'émission radio *« les cimaises de la ville »* sous le nom de Robert Damien, il a réalisé les interviews restées fameuses d'Hélion, César, Vasarely, Brayer, Brasilier, Bonnefoit, Boncompain, Ceytaire, etc.

Grand connaisseur de la Céramique chinoise Robert Moran peint sur porcelaine en s'inspirant des thèmes favoris des Empereurs des grandes Dynasties chinoises *(Yuan, Song, Ming et Qing)*, et de sujets provençaux ou marins.

Dans ce livre à la fois drôle et poétique, il s'élève contre le relativisme, la pensée unique et l'art contemporain revendiquant sa filiation avec les philosophes présocratiques.

PRÉFACE

L'auteur qui préface son propre ouvrage prend le risque de paraître quelque peu mégalomane… J'assume pleinement les dangers encourus par cette rédaction, pour plusieurs raisons. La première et non la moindre est que *« l'on n'est jamais si bien servi que par soi-même »*. Me comprendra parfaitement le gourmet et gourmand qui a puisé par politesse un tout petit morceau d'un succulent plat principal présenté par des hôtes avares qui ne le font passer qu'une fois !

La deuxième raison qui m'a incité à prendre en main cette préface est qu'après quatre-vingts ans de bons et loyaux services *(de ma naissance à cette parution)* en tant que simple citoyen, j'estime avoir mérité de dire ce que je pense, ce que je crois et de dresser une sorte d'inventaire de ce qui m'exaspère et que je ne supporte plus. N'ai-je pas brillamment passé quelques examens dont le certificat d'études, effectué mon service militaire, régulièrement payé mes impôts, voté pour qui me le demandait poliment, souscrit bien qu'athée au denier du culte, éduqué mes enfants, promené mes petits-enfants, soigné mon épouse, entretenu mes rares maîtresses, lavé ma voiture, ciré mon parquet et depuis peu, comme tout le monde, pratiqué le tri sélectif ?

Que va-t-on dire de ce livre ? Beaucoup de choses ou rien. Le commun des mortels, préoccupé par son pain quotidien, les conséquences de la crise sur son emploi et les retraites, les résultats de ses enfants au baccalauréat et le prix des carburants pour sa voiture ne lira pas une ligne de ce qui est écrit ci-après. Des intellectuels vont crier au scandale : *comment ose-t-on écrire de telles inepties ? Comment peut-on détourner des savoirs quand on en ignore les secrets ?* Je les laisse à leurs imprécations habituelles n'étant pas du cercle de leur pitoyable petite collectivité d'auto admirative.

Quant à tous ceux qui s'indigneront de mes propos, je gage qu'ils sauront trouver tous les noms d'oiseaux qui peuvent flétrir un auteur qu'ils vont exécrer. Je réponds par avance qu'ils ont raison. Oui, je suis poujadiste, populiste, fasciste, capitaliste, aigri, envieux, jaloux, ignare, mégalomane, mythomane et autre. Laissons les loups hurler à la lune. En réalité je me suis formé presque seul à l'école des *« abdéritains »* ces philosophes présocratiques dont l'enseignement fossilisé est connu seulement par des esprits libres que je me flatte d'avoir croisés dans ma déjà longue vie. Avec Leucippe et Démocrite, j'ai appris le réel et jeté aux orties les mythologies et les religions. Depuis je ne crains ni le ciel, ni ses foudres, ni ses menaces d'enfer. Sans le vouloir, le langage moderne (généralement prétentieux) a réhabilité le mot « sophistiqué ». Aujourd'hui ce n'est plus un adjectif qui flétrit l'accumulation de fioritures trompeuses destinées à cacher une extrême indigence, mais un qualificatif qui souligne la recherche et le raffinement sinon l'excellence d'une technologie. Donc, avec les sophistes je pense d'une importance extrême la lutte contre le relativisme. D'Antiphon d'Athènes je retiens le goût du bien manger, les délices des parfums subtils, le bonheur de la propreté et du lin blanc. Avec Aristippe de Cyrène je garde mes distances à l'écart des Pouvoirs ces ennemis du moi. De Diogène j'adopte le cynisme qui par une ascèse intelligente, mesurée et mesurable et une *« diététique du plaisir » (Michel Onfray)* conduit à la maîtrise de soi. Je pourrai, des pages durant, appeler en préfaciers tous les « abdéritains » dont j'eus le bonheur *(non sans mal, car voués aux piloris par les tenants de nos prétendues civilisations rédemptrices)* de découvrir combien nos sociétés auraient gagné à les honorer, chassant Platon et consorts adeptes de la mortification, de la haine de la vie et du corps. Ainsi vais-je sur mon bonhomme de chemin

Vol au-dessus d'un nid de coquins

La planète bleue poursuit sa course dans l'espace, mais elle disparaitra un jour. Les hommes poursuivent leur course sur la planète, mais il semble qu'ils veuillent hâter leur disparition. Pourquoi aucun être n'est venu de l'espace se signaler ici ? À coup sûr par ce que des êtres capables de venir ici-bas savent déjà à quoi s'en tenir sur une espèce aussi insupportable que l'espèce humaine. Nous vivons une époque formidable. Le cirque qui fut une des failles ébranlant la Rome croulante est aujourd'hui élevé au rang d'agora planétaire. Le football, les hypermarchés, l'art contemporain et la nécessité impérieuse de se procurer à tout prix une crème pour bronzer et des pilules qui affinent la silhouette, des tampons qui effacent la cellulite, des poudres miracles gommant les rides, des préservatifs étanches et des billets gratuits sont des marques de la sottise universelle. Notre époque est l'aboutissement parfait des époques qui la précédèrent. Il n'y aura pas d'époque future. Tous les dinosaures meurent à petit feu dans les modernes cimetières d'éléphants empoisonnés par le bric-à-brac imaginé par le marketing. La science avec conscience semble veiller au grain, mais l'humaine matière est malléable à souhait, et comme le mélange sable, chaux et eau, elle finit par se figer en ciment voire en béton armé pour peu qu'on lui ajoute des barres de métal.

Les tiges d'acier des sociétés modernes sont le conformisme, les idées reçues et surtout oh oui surtout <u>le bien penser</u> qui est au cerveau ce que le pantalon blue-jean est pour le corps : un uniforme solide, quasiment inusable, qui peut se porter partout, qu'on peut laisser traîner, salir, déchirer sans détonner, ni se singulariser. Le blue-jean est l'invention la plus uniformément uniformisante grâce à laquelle tout le monde ressemble à tout le monde et personne à personne. Elle permet au riche de se cacher des pauvres, aux pauvres de ressembler aux riches, au snob de passer pour modeste, au crétin de se prouver qu'il est intelligent comme son voisin quand celui-ci joue à l'imbécile.

Prenez un vénérable académicien, un auteur à succès, une artiste qui fut célèbre atteinte par la ménopause et rongée par les rides, une starlette à l'affût du lit de la gloire, un pâtissier-cuisinier en mal de saucisse, un charcutier ou un chirurgien à court de scalpels, un philosophe ou un intellectuel *(de gauche ? Pléonasme !)*

En quête de veuves et d'orphelins en péril, un imbécile heureux, un garde-chiourme, un présentateur de jeux télévisuels ou le fidèle partisan d'un abominable dictateur *(les dictateurs sont toujours abominables)*, faites-leur enfiler cette culotte des sans-culottes modernes, le blue-jean, et vous ne saurez distinguer les uns des autres. Même les sexes, y compris le troisième, deviennent méconnaissables pour peu que les gens concernés aient tous en même temps les cheveux longs ou courts. Imaginez alors le cerveau déjà étriqué de tout ce monde engoncé dans la pensée blue-jean ! S'ils avaient connu le blue-jean, les Spartiates dont les uniformes ne variaient pas d'un fil, seraient restés dans l'Histoire comme les précurseurs de l'uniformité distinguée, ce qu'ils sont restés évidemment, mais sans blue-jean... Le blue-jean, cet uniforme si répétitif qu'on finit par le distinguer est devenu le drapeau du politiquement correct le plus strict : « *Je porte un blue-jean donc... je suis, tu es, il est, nous sommes vous êtes, ils sont »*. Précisons qu'on ne doit pas bannir le blue-jean...Il est bien trop pratique pour faire comprendre ici au lecteur bienveillant *(lecteurs soyez bienveillants, car mes droits d'auteur dépendent de vous)* ce qu'est le « bien penser » caractéristique éminente de notre époque aboutie.

Chapitre 1

La pensée blue-jean

ou

le triomphe des « ismes »

Pauvres malheureux qui pensiez en avoir fini avec le marxisme, le communisme, le fascisme, le national-socialisme, le nazisme, le socialisme, et tous les avatars des crétinismes platonicien et judéo-chrétien *(et leurs pâles et suprêmement imbéciles copies qui fleurissent sous des noms divers sur tous les continents et notamment, erzats remastérisés, le nominalisme, le relativisme et le surréalisme à la Breton))./* Etonnement du lecteur...

Et les élucubrations asiatiques ? Ne leur doit

rien ? Peut-être, mais ne soyons pas trop regardants. Délectons nous avec le yahat-maki ou le miza Taki, le Pulihora ou le Patak Puri ou encore et surtout le Beijing Kaoya, le Sichuan Shui Zhuyu et le Huoguo plus succulents qu'un cassoulet aux haricots trop durs et gazéifiant ou un couscous hallal glaireux en mal de bouillon.

En outre, les Dieux innombrables de ces lointains horizons trop occupés à se partager le terrain ont laissé les hommes en paix.

Cette parenthèse culinaire conduit à considérer que le monde peut se diviser en deux :

l'orient, terre de Dieux aimables, compatissants et de bons génies protégeant les hommes des dieux horribles et malfaisants, et des mauvais génies.

-l'Occident (Moyen-Orient et Amérique du sud inclus), terre de Dieux antiques assoiffés de sang humain (Baal, Huitzilopochtli, Quetzalcoal) et de Dieux modernes, grincheux, jaloux, hargneux, aux idées étroites et qui se délectant de guerres de religion, d'inquisitions, d'anathèmes, de tortures, de bûchers ou de lapidations ont inspirés tous les ismes dont nous nous plaignons.

LES ISMES, tous les ismes, que l'on croyait engloutis par le jet puissant des chasses d'eau alimentant les égouts de l'histoire, ont en réalité triomphé. Le rêve insupportable qui voulait que chaque homme soit pareil à un autre homme, que chaque société soit égale à une autre société, que chaque idée soit identique à une autre et que plus un être vivant n'ait une idée originale est en passe de se réaliser.

Vous qui avez cru que le marxisme, le léninisme, le marxisme-léninisme, le socialisme, le trotskisme, le maoïsme, le bolchevisme, la cuisine à la margarine, le néo-colonialisme, le colonialisme, l'islamisme,

les emballages en plastique rehaussés d'un stupide bolduc couleur bidet teintée d'un léger bleu turquoise étaient morts avec la disparition d'Hitler, de Torquemada, de Staline, de l'Ingénieur en Chef Inspecteur officiel des signaux de la gare de Laroche-Migennes, de celle de Pol Pot, de celle de Ben Laden, de celle irrémédiable de Georges Bush, de celle très probable de la vénus ayant servi de modèle à la Vénus de Milo, etc. vous rejoignez la modeste et minuscule petite troupe des désabusés. Les grands triomphateurs sont tous les disparus et leurs séides vivants provisoirement *(on vit toujours provisoirement)* qui avaient rêvé et rêvent de rendre parfaitement plats les hommes pour en faire les fondements parfaits de sociétés carpettes. Ce rêve se réalise sous nos yeux d'aveugles.

Le hideux, trop chargé de sel et dégoulinant concentré de tomate, le général Franco, les rayures idiotes, inutiles et phalliques, mais hyper rémunérées de Buren, les dégoutantes élucubrations obscènes des candidats aux élections, les érections stériles des tenants de l'Art contemporain, les lendemains qui chanteront, les pochettes pour serviettes intimes que tout bon hôtel se croit obligé de mettre même dans les toilettes des chambres réservées à des célibataires mâles, les très savants ouvrages de la mère Ceausescu, les commères en chapeau improbable et les dindes de leur business concours de beauté, les mortifères délires forcenés de Paul de Tarse ce grand hystérique multilingue, les recommandations imbéciles de tous les prophètes pour qui les plaisirs de l'amour sont des horreurs, l'introuvable bagagiste de la Gare St Charles à Marseille, le plombier jamais disponible même à La Garenne Colombe, les tableaux vomitifs de Beuys faits de collages de portraits de nazis, les élucubrations incontournables des religions soi-disant révélées, les visions prophétiques d'experts télégéniques qui prédisent le passé et les lunettes cassées de feu Trotski, n'ont pas été digérés par les bactéries de la modernité. Ce sont même les friandises préférées des intellectuels autoproclamés, qui les dégustent avec gourmandise à la fin des repas mondains à Paris. Notez au passage que dans tous les repas mondains figurent la jeune dinde qui veut briller, l'oie décatie qui se prend pour un puits de science sous prétexte qu'elle a suivi il y a des décennies les cours du soir d'une école d'art et le monsieur sûr de lui qui soupire en pensant à sa jeune maîtresse absente et qui, peut-être, le trompe, quelque part entre le 8e et le 16e arrondissement et les bras d'un jeune imbécile mal rasé au sexe momentanément triomphant. N'y aurait-il pas dans les diners mondains ces oisons ridiculement affublés d'une voix de fille rougissante et émotive ?

Vous qui frémissez à la seule évocation du nom de Jules César, d'Attila ou de quelques nouveaux philosophes courant de graves dangers dans des hôtels de luxe pour sauver les peuples et se faisant photographier devant les restes d'un char ou d'une ruine dans un coin tranquille d'une banlieue dévastée, vous qui ne pensez rien de l'inertie de Ponce Pilate et qui vous en lavez les mains, vous qui avez ressenti l'horrible envie de vomir en songeant au cri de la baleine que l'on dépèce, du mouton que l'on tond, de la vierge donnée aux kamikazes immolés pour le compte d'imans vautrés dans leur fauteuil douillet, vous qui avez tremblé que l'armée des amoureux d'un inaccessible et mythique Tibet coiffés d'un égouttoir et brandissant un balai déplumé ne déclenchent une guerre contre plus d'un milliard de Chinois, enfin vous qu'attriste le goût amer d'une pochette surprise qui ne contient qu'une copie de briquet et un malheureux bonbon à la saveur de réglisse rance vous êtes servis !

Vous ? Mais reste-t-il un esprit libre en ce monde équilatéral ?

La parabole du crocodile :

Ouvrons une parenthèse ..Comme chacun le sait, le crocodile est le même depuis des millénaires. Déjà parfaitement adapté lors de son apparition il n'a jamais évolué. Il mange pour vivre, il vit pour manger. Le reste du temps il dort la bouche grande ouverte pour rafraîchir son cerveau, ce qui intrigue les non-spécialistes, mais lui donne incontestablement un air idiot. Et ce ne sont pas ces mâchoires redoutables qui freinent l'irrésistible fou rire de ceux qui le voient ainsi. La différence qui sépare le crocodile ancien de l'homme moderne est la peau du batracien, car on peut en faire des chaussures de luxe et des sacs à main. Les sacs à main et les chaussures de luxe sont des produits qui enrichissent des milliardaires déballant complaisamment à Venise des excréments élevés au rang de chefs d'œuvre de l'humanité et que des gogos encore plus riches achèteront au détriment d'investissements industriels et de la création d'usines pouvant produire des sacs à main et des chaussures en peau de crocodile.

(Fin de la parabole du crocodile)

<u>La peur du blasphème :</u>

La pensée blue-jean est comme cette peur qui ne quitte jamais un ancien élève des jésuites ou des cours de catéchisme dès qu'il se met à blasphémer quand il se tape sur les doigts avec un marteau. Évidemment, on n'est pas obligé de bricoler, surtout si, comme Icare on ignore la colle *« sans clou ni vis »* cette merveille technique qui vous dispense de courir après une corde pour pendre les jambons.

On peut hurler après Dieu sans risque, car le ciel est vide. Hélas, les religions reviennent en force. Malraux pseudo aviateur, auteur de romans de gare dans lesquelles les locomotives fascistes brulent le charbon communiste et inventeur de la Culture en supérette, l'avait prédit : le vingt et unième siècle sera religieux ou ne sera pas. Étonnant retour des ismes sur eux-mêmes preuve qu'un serpent peut se mordre la queue et s'avaler lui-même. Le cirque va s'étoffer de processions œcuméniques, d'images pieuses, d'anathèmes, d'excommunications, de lapidations, d'excisions et de buvettes où l'on vendra des boissons non alcoolisées, des sandwiches sans charcuterie *(ce ne sont pas les écologistes qui sauveront les cochons)*, des voiles blancs pour les vierges et les vieilles filles rances, des tapis non volants, des tchadors et des burkas, des pierres pour lapidation en sachets de 500 gr ou sacs de 50 kilos, des flacons d'eaux bénites en provenance des meilleures sources miraculeuses, des kippas finement tissées, des indulgences payables en euros, dollars ou livres sterling, des médailles saintes frappées dans toutes les langues et des réimpressions des livres révélées tirés à des millions d'exemplaires en édition de poche.

On a dit, redit et prêché durant des siècles et des siècles que maudire Dieu, ses enfants, ses anges, ses saints, ses serviteurs terrestres et célestes et toute l'armée des moutons, ses fidèles, c'était à coup sûr se vouer à des flammes et d'horribles tourments éternels. Tout être humain a été trempé dans cette potion magique et en a gardé une terrible et terrifiante peur innée. Elle est définitivement inscrite dans le génome humain sous la rubrique Trouillomètre à Zéro. Les esprits les plus éclairés peuvent ressentir ne serait-ce qu'une seconde, cette remontée de peur irrépressible et de type diarrhéique. Le pari osé que conseille Pascal vient heureusement à leur secours.

Le culte de l'amour universel :

Le bien penser autrement appelé « pensée unique » est de la même espèce, triomphe involontaire des ismes du passé et du présent et de leurs prosélytes.

Le bien penser interdit de ne pas aimer. Mais attention de ne pas confondre l'interdiction de ne pas aimer avec l'obligation d'aimer ou l'interdiction de détester. Quant à l'indifférence, mieux vaut ne pas y songer…

D'ailleurs avez-vous vu, lu ou entendu quelqu'un déclarer urbi et orbi, qu'il déteste les mouettes et les goélands qui sentent des pattes, car ils fouillent dans les décharges, ou qu'il hait les pingouins qui préfèrent se geler par moins quarante au pôle Sud alors qu'existent des plages désertes ensoleillées aux Caraïbes ? Avez-vous lu, entendu et vu une seule fois un philosophe autorisé déclarer que les crabes sont des créatures stupides qui marchent sur le côté bien que leurs yeux soient en face des trous ?

Il est interdit de ne pas aimer.

Un tel péché, s'il est avoué, condamne aux piloris virtuels, en l'occurrence l'indignation des bien-pensants drapés dans leurs certitudes blue jean qui désignent le pécheur d'un doigt inquisiteur. Il s'agit là d'un moindre mal dont l'homme libre se moque comme de la première légère tape que lui infligea un jour lointain un instituteur décidé à lui inculquer cette prétendue impérissable table de multiplication que les calculettes modernes ont envoyée dans le placard aux vieilleries.

Mais si le coupable persiste et surtout, oh oui surtout s'il signe, il est alors trainé par des associations patentées devant des tribunaux où son cas jugé très grave est assimilé à une insupportable atteinte à la bonne pensée et au politiquement correcT. La peine de mort étant abolie dans certains pays une échelle de punitions a été élaborée par le législateur. Elle peut se limiter au paiement d'une amende conséquente pour se terminer au plus haut par le bannissement de l'intéressé, voué à l'oubli par la censure et ce silence réprobateur qui assourdit dès que le condamné parait en public. Parfois on le met à pourrir en prison. Il y rencontre le pédophile et le violeur inguérissables qu'on renvoie avant lui à leurs chères études pour donner du grain à moudre aux bavards emplumés et aux plumitifs verbeux.

On doit aimer tout le monde et tout le monde est présumé gentil. Idée saugrenue s'il en est, car le premier des devoirs est de s'aimer soi-même, de veiller soigneusement à se laver les dents après chaque repas, de contenir son cholestérol et comme le dit la publicité d'effectuer tous les deux ans une coloscopie. Les accidents de la route coûtent assez cher à la communauté pour qu'on n'y ajoute ces dépenses inconsidérées que l'on doit à ceux qui se dispensent de l'examen peu contraignant de leurs tripes profondes.

L'amour universel, la compassion modernes *(qui n'ont rien à voir avec Bouddha et Jésus)* pour toutes les misères de ce bas monde *(existe-t-il un autre monde ?)*, l'universel nivellement qui interdit à la moindre intelligence de se manifester au risque de faire pleurer comme des crocodiles, mais à chaudes larmes *(on dit toujours que les larmes sont chaudes oubliant qu'elles sont salées)* conduisent un nombre de plus en plus énorme de gens à se défier de tout ce qui peut paraître subversif, à jeter aux poubelles les œuvres de Julien Benda, les poèmes de Federico Garcia Lorca, les carnets de la Comtesse, le récit des démêlés avec la Garde Suisse d'un Pétomane involontaire visitant les Caves du Vatican, les discours du docteur O'Grady, les silences du colonel Brambel, la Mer de Cortez ce chef d'œuvre de Steinbeck et les très véridiques et véritables aventures des Pieds Nickelés.

Attention aux mots employés, attention aux pensées intimes et subversives ! Est présumé coupable (sic) donc potentiellement innocent,

l'assassin qui brandissant encore le couteau sanglant avec lequel il vient de poignarder sa victime, n'a pas encore été jugé…

Est présumée suspecte (sic) la victime tant qu'on ignore les raisons qui l'ont conduite sous la lame de son assassin.

Le garde-barrière, la bonne à tout faire, le savetier et le financier, la cigale et la fourmi, l'idiot et la rosière du village, le pot de fer et le pot de chambre, la plume et l'épée, le sabre et le goupillon, l'atout pique et le poker de valets, le gendarme et le voleur, le patron des patrons et le patron des pas patrons, les frères siamois, le chat et sa gouttière, l'aveugle et le paralytique, le noir et le blanc, les dindes perchées sur des talons si hauts qu'on s'interroge pour savoir comment elles en descendent, montrant des jambes sans fin dans des émissions de télévision sans finalité où elles ne servent à rien d'autre qu'à montrer des jambes qui n'en finissent pas, les oies du Capitole et les serins en cage, la copie miniature du Lyon de Belfort et le faux camembert de Normandie pasteurisé, le fromage et le dîner de têtes, les abominables imprécateurs aux lunettes qui ne peuvent pas les rendre plus laids qu'ils ne sont et plus inutilement bavards quand ils hurlent leur haine du jambon aux hormones *(en fait on ignore s'il y a du jambon aux hormones, mais l'imprécation fait vendre le livre)* tous les présents et les absents d'un inventaire à la Prévert jamais complet, oui absolument tout et tous sont aimables c'est-à-dire pouvant et devant être aimés.

Parenthèse :

Laissez les néo- cuisiniers à leur guerre contre les jambons sous Cryovac (plastique à rétraction douce comme le sexe de l'homme ou du cochon après l'extase et qui convient parfaitement à l'emballage des nourritures hallal), jambons introuvables dont le monde se fout et délectez-vous avec un Jambon Serrano finement, très finement tranché. Avec la Sangria, le pain grillé à la tomate arrosé d'huile de Pau (prononcer pa ou) et la corrida portugaise où l'on ne tue pas le taureau, nous devons tant à la péninsule ibérique ! Avec Velasquez, Goya, Murillo, Miro, Dali, Picasso (fourvoyé dans un des pires ismes du siècle dernier) et Tapies, avec le Lazarillo de Tormes, les tapas, le chorizo, l'anis del Mono, les cuisses des danseuses andalouses, les jolies fesses des toréros bien serrées dans des culottes roses et la Maja Desnuda, dégustons la violente douceur des images, des goûts et des odeurs hispano-portugais).
Pourtant dans ce monde d'amour universel recommandé il y a des voleurs, puisqu'il y a des gendarmes et des assassins puisqu'il y a des détectives. On ne saurait imaginer que les premiers se dévouent pour que le traitement et

les Honoraires toutes taxes comprises des seconds soient justifiés. Donc tous ceux qui s'écartent plus ou moins du droit chemin pour emprunter les sentiers oh combien tortueux des crimes et délits divers sont bien réels.

Néanmoins par la sacralisation de l'amour universel ils sont considérés comme des victimes de la société ce qui ne manque pas d'étonner, car comment une société aussi parfaite peut-elle s'acharner sur quelques-uns de ces enfants ? Mystère. Mais réponse à la question dans le dictionnaire de la langue de bois.

Après l'homo erectus, l'homo universalis :

Les ismes on élevé les humains au rang des créatures sacrées et les plus parfaites de l'univers. Ayant bien pensé, bien agi, l'homo sapiens moderne peut dormir sur ses deux oreilles, le ventre repu, le sexe satisfait, l'âme béate, les dents bien brossées et les orteils soigneusement récurés et écartés pour le repos de l'esprit *(il n'y a pas pire souffrance que le mal au pied ou le mal aux dents qui se rappellent à vous quand vous croyez que tout va bien)*

Les ismes qui par maladive méfiance ont fait empiler dans d'innombrables fosses communes des hommes ordinaires dont on cherche encore les crimes *(tuons-les tous ! les ismes reconnaitront les leurs !)* ont créé des consciences universelles pour veiller à ce que le troupeau mondial suive le sentier oh combien rectiligne de la pensée unique.

Inscrite aux frontons de tous les édifices publics, scellée dans le béton ou l'acier trempé, mille et mille fois redite et répétée, imprimée, soulignée, entre-parenthésée, gravée, illustrée, numérisée, pixellisée et toujours annotée et complétée, l'observation stricte des devoirs d'amour est strictement surveillée par des *association*s contrôlables et autocontrôlées, dûment accréditées,

toujours rémunérés ou subventionnés. Munies des *droits de l'homme,* tables de la Loi Universelle ce sont les gens d'armes, les confesseurs et les fesseurs des peuples contemporains.

Quant un pêcheur à la ligne est sur le point de jeter à l'eau un asticot brillant bien accroché à l'hameçon en se foutant des lendemains qui chanteront, quand un doux poète en mal de vers se baisse pour cueillir une marguerite, quand un chasseur de papillons se tient à l'affut du Monarque convoité, quand Madona quitte sa petite culotte, quand deux gamins jouent au docteur à l'abri des foins fraichement récoltés, quand un touriste compte les pavés

place St Pierre au lieu de s'agenouiller au passage du Pape, quand tout ce petit monde ne se couvre pas la tête de cendres par ce qu'à Pétaouchnock un dictateur ne cesse de dicter sa loi, surgissent les gens d'armes de la pensée blue-jean.

Afin de réveiller les esprits endormis par la douce quiétude d'une fin de journée d'un été chaud ou d'un printemps prometteur *(les printemps prometteurs font éclore les acnés juvéniles, témoignages bien visibles d'un bienfaisant erzat d'amour qu'on appelle onanisme dans les livres autorisés, lesquels avertissent que cette pratique solitaire rend sourd)* pour recharger les mémoires défaillantes de pieuses laïques pensées on envoie par le son et l'image quelques piqûres de rappel.

Les animateurs du cirque de notre ère d'amour universel organisent des rétrospectives où s'opposent les moustaches des abominables Hitler, Staline, aux bienfaisantes moustaches de Gandhi, Einstein, Schweizer, aux riantes moustaches de Dali, Brassens, Chaplin, aux plaisantes moustaches d'Hercule Poirot, du capitaine Bravida chasseur de casquettes *(en avait-il ?),* de Rosine Margueritte Muller la première femme à barbe, de Don Quichotte, aux barbes rébarbatives de Jaurès, Karl Marx, Lénine, Castro, Ben Laden le barbu disparu en mer et celles de tous les barbus et mal rasés, drolatiques, bienfaisants ou mal faisants qui ont vécu et vivent ici ou là pour l'édification des peuples. Pour ne rien oublier dans ce catéchisme on pimente parfois les informations avec les palmes et tubas d'un écologiste globe-trotter, la moustache d'un pseudo paysan écolo et de ses disciples *(de beaux veaux)*, le panache blanc de quelques politiciens sentencieux, la poule au pot d'Henri IV le béarnais, la jupe volante de Marylin Monroe qui fut la maîtresse du fils d'un marchand de briques mafieux, les yeux bleus des Messeigneurs de service, les turbans et autres coiffes significatives des représentants des cultes, les étiquettes des meilleurs fromages d'Italie et d'Espagne, le sourire béat de Berlusconi, celui non moins satisfait des premiers ministres en exercice dans le monde, les chapeaux venus des endroits les plus invraisemblables de la galaxie qu'arbore la Queen du Royaume-Uni, les oreilles déployées de l'héritier du trône qui probablement n'héritera de rien, le tout assorti d' enveloppes de chewing gums américains cette pâte à ruminer pour bœufs à deux pattes *(homo erectus)* et des épouvantables tortillas mexicaines faites de plâtre et enveloppées par les marchands des rues dans les feuilles des quotidiens de la veille.

Avec les armées d'humoristes qui ne font rire personne, avec la soupe de poisson aux arêtes servie en période touristique sur des ports parkings de bateaux en plastique avec vue sur la mer, avec le rire idiot des intelligents de villages, avec le vent du Nord pour unique musique, avec les Flamands *flamingants (qui n'arrivent pas à la cheville des Flamands roses aux longues pattes des grands étangs de la planète)*, avec les flamands des mornes plaines du plat pays *(qui n'est pas le mien)*, avec les mosquées et les cathédrales et les tours des quartiers en guise de montagnes *(mon Dieu que la montagne est belle)*,voici venu le temps des cerises à l'eau de rose.

Pour parfaire le prêche, on se reporte au Saint Évangile des droits de l'Homme *(dans cette appellation, « homme » inclut la femme et les autres)* .

Ces droits sont devenus les maîtres mots du moindre discours. C'est à qui les brandira, comme jadis, la croix supposée faire reculer les plus diaboliques démons.

La frénésie pour bien penser pousse à l'exagération et les inventeurs de droits font florès. Et faisant comme si les droits de l'homme ne sous-tendaient pas tous les droits, on a donc vu fleurir les droits de la femme, les droits de l'enfant, les droits des minorités, les droits des ouvriers, les droits des travailleurs, les droits des syndicats, les droits des métiers, les droits des prisonniers, les droits des pêcheurs, des chasseurs, des piétons,

ceux des joueurs de canasta qui ne sont pas les mêmes que ceux des joueurs de biniou, pas plus que ceux des vieilles bigotes faisant une réussite sur des tables vernies aux dentelles jaunies par le temps et les chiures de mouche *(les mouches sont toujours sournoisement tapies sur le susucre du soir dans des salons embaumés à la naphtaline et à la fleur d'oranger)*. Il n'est plus un âge, un sexe, un métier, une corporation, un état de santé, un loisir, une activité quelconque qui n'ait ses droits spécifiques. Tant et si bien que les droits sont devenus un maquis inextricable dans lequel se sont perdus corps et biens les plus élémentaires devoirs et même les devoirs du soir et les devoirs conjugaux.

Le bien pensant ouvre ses bras miséricordieux à tous les damnés de la terre. Venez de vos pays lointains, vagues de vagues peuples en vogue vous que les révolutions des roses ou des pissenlits ont chassé et tant pis si parmi vous se cachent quelques tortionnaires qui fuient une justice immanente et provisoire. On a oublié les nazis passés en douce par le Vatican pour aller former des garde-chiourmes à la solde de Stroessner, Videla, Pinochet et de tous les humanistes sud-américains. Le penseur blue-jean sent monter en lui un tsunami d'amour quand son regard s'attarde sur les yeux éteints du merlan frit ou du cochon de lait rôti dont la craquante peau fait les délices des tables portugaises. Gloire à celui qui pleure des malheurs du calamar remonté des abysses ou des souffrances d'une langouste que les gourmets ont jetée dans une marmite d'eau bouillante avant de l'extraire de son squelette. Gloire au brave cœur qui dans une épicerie à l'ancienne s'émeut à la seule vue des harengs en caque pressés les uns contre les autres et qui retourne chez lui après le travail dans un métro bondé où sa bedaine de quadragénaire subit sans broncher le sac bondé d'inutilités d'une voyageuse revêche et banlieusarde aux aisselles qui sentent le phoque.

Les habitants de ce monde d'amour ont une vocation à la présidence. Aussi, autres gens d'armes vigilants sur les bords de routes de la pensée blue-jean, les associations font florès. Passons. Mais interrogeons-nous sur une bizarrerie. Pourquoi les Présidents ont-ils tous la barbe inculte et le long cheveu en friche ? Pourquoi les présidentes ont-elles des cheveux délavés et gras, un utérus inassouvi à la place du cerveau, un visage glabre et

ridé, des dents jaunes et la figure de ceux qui subissent une permanente crise de foie ? Où sont donc les saintes Blandine, légèrement vêtues, érotiquement enchainées dans des arènes combles, le sein à demi dévoilé sous le léger vent qui souffle depuis Ostie.

Où sont les Dymphina, les Solange, les Agnès de Rome, les Beline aux corps délicats, aux cuisses juvéniles, aux petits seins à peine formés tout aussi méritantes en dévotion que les modernes et chevalines amazones de la guerre contre le mal penser ? Les écologistes qui feront interdire le fer blanc pour sauver les sardines sont une autre armée du bien contre le mal du siècle. Avec eux le ver luisant, l'herbe folle, le gai rossignol, l'ortie ou le morpion piquants et la sanguinaire tique ont un avenir. Ces sauveurs de la planète Terre, sont très occupés à trier des boites en carton, des papiers et des bouteilles thermoformées. Disciples disciplinés d'inspecteurs de la nature qui voyagent à leur frais ils facilitent le travail et économisent la main d'œuvre d'industriels en avance sur leur temps qui s'enrichissent d'une main en recyclant des trop-pleins de poubelles qu'ils ont, d'une autre main, contribué à remplir. Après avoir décrété qu'il est interdit d'interdire ils empêchent que l'on cueille l'edelweiss qui se réjouissait peut être d'aller fleurir sous des cieux plus cléments que des montagnes vides, battues par des vents mauvais où l'on ne

croise que des grimpeurs en pantalons de golf et caleçons molletonnés montant tout en haut des sommets pour en redescendre. Certains sortent des pistes balisées et sont emportés par des avalanches, loin des filets protecteurs tendus dans les crevasses.

Pas facile en ce monde aseptisé par les banquiers, les marchands de hot-dogs, les philosophes télégéniques et les animateurs télévisuels, les débatteurs et les bateleurs, de vivre libre hors des sentiers battus et rebattus. On doit se délecter avec les marchands de farines animales du poisson qui a goût de poulet, du poulet qui a la saveur du cochon et du cochon qui sent la côte de bœuf. Pour que nul n'oublie d'aimer tout le monde, pour bien marquer les esprits, pour les confire de tendresse universelle et les enrober du sucre de l'universelle pensée compatissante, les ismes ont enrichi le vocabulaire de l'adjectif …social. Devenu le saint chrême du verbe et du discours, de l'affiche et du slogan,

il divinise, sacralise tous les mots auxquels il est agglutiné. Ainsi une grève qui est l'arrêt complet de toute action, et donc l'immobilité totale devient-elle un mouvement social. Saintes et sacrées sont les lois sociales, les organisations sociales, les actions sociales.

Le social est l'assaisonnement, la sauce magique, le piment, l'épice qui élève le brouet au niveau du cassoulet de Castelnaudary, la tranche de veau gonflé aux amphétamines au rang d'ortolan. A la pensée blue-jean de l'amour universel nous allons devoir la pétanque sociale, la partie fine sociale, et la fessée entre adultes consentants dans des échangismes sociaux.

On a tenté de sanctifier certaines conduites humaines en les affublant du mot « citoyen »… On a donc la conduite automobile citoyenne qui diffère de la conduite automobile prudente, la productivité citoyenne bien plus riche, mais moins enrichissante que la productivité capitaliste, et même la citoyenneté citoyenne ! Tout ce qui ne porte pas ce label sacralisant est donc pur produit maléfique d'individus ordinaires.

Les nouvelles théologies :

La liberté? Mais elle est un droit, encore un, inaliénable. La preuve ? Les débats! Débats politiques, débats littéraires, débats artistiques, etc. dans les cirques, à l'entracte ou entre deux numéros les hommes débattent de tout, à propos de tout et tous les jours. Quel qu'en soit le sujet, une émission de débat consiste à réunir autour d'un animateur décrété grand spécialiste de la question en question, des débatteurs qui s'érigent en spécialistes de la même question, et bavardent pour ne rien dire. Ici les intellectuels, les experts, les papes, les popes, les archimandrites, les grands muftis, les grands rabbis, les petits rabbins, les cardinaux, les évêques, les ayatollahs, les imams, les pasteurs, les docteurs en ceci ou cela, les élus, les candidats aux élections, les publicitaires, ces intellectuels du salsifis en boîte et des poudres à laver, viennent faire un petit tour. Certains haïssent leurs chers confrères et les fusilleraient s'ils le pouvaient, mais comme c'est le temps de l'amour mondialisé, ils se congratulent, s'écoutent parler sans entendre les autres, se regardent le nombril sans se voir les uns les autres. En général tout débat comporte une séquence de petites annonces où viennent promouvoir qui son livre, qui son spectacle, qui sa production du moment. Dans « les étranges lucarnes », sur les ondes, une émission de débat ressemble à une autre émission de débat, comme une traverse de chemin de fer à une autre traverse, ce qui fait de ces émissions toutes bâties sur le même modèle, les meilleurs soporifiques. Pendant que les soliveaux débatteurs coassent, les grenouilles dans leur mare débattent. Le débat est une des choses les plus partagées du monde. Un malheureux malade mental qui déambule en parlant à voix basse ne délire pas…ne soliloque pas. Il débat et se débat avec ses fantasmes.

Et quand les imaginations sont à court d'idées on envoie des journalistes expliquer ce que fut hier, ce que seront demain et après-demain. Ces spécialistes de l'eau bouillie, du fil à couper le beurre et les cheveux en quatre sont devenus des censeurs modernes de type Pic de la Mirandole. Nostalgiques des ismes les plus sanglants des années passées ces plumitifs ne rapportent pas, ils cafardent. Une autre catégorie de ces prêcheurs, les publicitaires, encombre les ondes et les écrans. Ayant réussi dans la promotion des lessives, participé à l'expansion mondiale de la gomina et de l'emplâtre pour jambes de bois on leur donne mission d'endormir les peuples en faisant les Jacques.

Il est formellement interdit de ne pas aimer…

Aimons-nous les uns les autres dans une universelle et géante partie d'échangismes amoureux.

Les ismes sanglants, épouvantables créations d'esprits dépravés dont Karl Marx, un barbu aux poils englués de miettes de pain rassis trempés dans l'hémoglobine fut le Pape, se sont effacés, remplacés par une pensée de la même inconsistance appelée le relativisme, nouveau vieil isme récupéré dans les décharges de l'histoire.

Des mêmes tas immondes d'épluchures venues du fond des âges, on a exhumé le nominalisme. Et comme il est interdit de ne pas aimer, chacun s'adore soi-même dans une néo-masturbation ou comme aurait dit Dali une autosodomisation.

Chaque être étant ainsi le nombril du monde, notre monde plat est un agglomérat vaseliné et sirupeux d'individualités dont l'égoïsme forcené est la crème chantilly. Pour faire digérer cette pâtisserie on l'assaisonne de social ce qui fait oublier qu'un vrai corps social ce n'est pas du gâteau pour gogos, bobos et zozos.

Chapitre 2

L'Art contemporain

Ou

l'Art de faire de l'or

La plus éclatante démonstration que les egos se sont enflés jusqu'à l'explosion, la plus éminente preuve que la pensée blue-jean dévore tout, en petite bactérie bien appliquée, besogneuse et mortifère est L'Art Contemporain.

Après des siècles de recherche, de méticuleux travail, d'envols miraculeux des âmes et le patient labeur des mains maîtrisant la matière, après que des générations de génies aient enrichi l'humanité, est venu le temps du Bazar Contemporain. On se demande ce que vient faire dans cette appellation le mot Art. Ne serait-ce pas dans ce cas un autre St. Chrême qui sacralise le n'importe quoi, le n'importe comment, le vide et la vacuité du rien?

Le Bazar Contemporain fils de la pissotière de Duchamp ne fut dans ses débuts qu'une nouvelle tentative de rechercher des émotions neuves par le biais de nouvelles techniques. A de supposés créateurs ignares, sans talent sinon celui de se faire remarquer des médias, il apparut très tôt comme la solution idéale et bienfaitrice pour se proclamer artistes. Un titre rédempteur qui sacralise et impose admiration, indulgence et impunité. Puisque nous ne pourrons jamais réussir dans le surgelé, la potion magique, la soupe aux poireaux sous plastique, l'œuf en poudre, la poudre aux yeux, la poudre lavant plus blanc, le blanc blanchissant l'argent, la confection de parfums érotogènes, la lessive aux enzymes gloutons, les gloutons aux enzymes protégeant, la crème amincissante et le repousse cheveux, les clubs échangistes et les échanges de timbres, les programmes informatiques, les superbes hyper marchés, investissons-nous dans le rien, l'inutile, la crasse, le déchet, le pourri, la crotte, la bouse, la chiure de moustique, élevés par notre seule volonté au rang de merveilles de l'humanité. Devenus des bienfaiteurs sociaux, et donc sacrés et intouchables, proliférons sans risques et sans contraintes !

Le Bazar Contemporain devint un complot dès que les ismes endormis comprirent tout le parti qu'on pouvait en tirer pour réussir ce que les Pol Pot et compagnie n'avaient pas réussi : fabriquer un

homme nouveau. Assoupis ils se réveillèrent comme l'immonde et patiente tique et s'appliquent désormais à tout contaminer pour établir leur totalitarisme. Derrière les plasticiens, les installateurs, les pondeurs de ready-made, derrière les prophètes mortifères qui tels André

Breton proclament avant les nazis *que «le crime est une œuvre d'art majeure et l'assassin l'artiste absolu»* se cache l'indestructible tentative d'établir une dictature sur un monde parfait. En effet si avec son *« chacun pour soi »* le capitalisme est le Diable, avec *« leur tous au service de quelques-uns en attendant mieux »* (le retour du Père Noël pour ceux qui y croient encore) les ismes sont Dieu.

On doit dénier avec vigueur l'association des deux mots. Le Bazar Contemporain, qui refuse l'Art n'a aucun droit à user ainsi de ce qui fut l'une des étranges capacités de l'esprit humain.

Bas-art Contemporain ! Voici une appellation lacanienne, qui conviendra aux *verbes-heu*, d'un *parle-haie* ou *signifiant interpellateur moderne*. Appellation d'autant plus juste et méritée que le Bazar contemporain manigancé par des proxénètes, des maîtresses maquerelles, des maffieux encaisseurs de rétrocommissions, des blanchisseurs de monnaies douteuses et d'un nombre incalculable de prostitués (ées) créateurs de vide et fouilles merde patentés, se cache sous un langage savant.

Puisque dans ce monde de la pensée blue-jean tout est soit disant permis et rien n'est interdit *(hormis la détestation des autres même et surtout si ces autres sont détestables)* autorisons nous quelques considérations personnelles sur l'Art son apparition sur notre planète et ses vallées de larmes

Une autre histoire de l'art ? Et pourquoi pas ?

Homo Sapiens héritant des premières découvertes de Neandertal et fier de ses propres géniales trouvailles décida qu'il serait utile d'en laisser les traces

non seulement pour ne rien oublier de ses récents acquis *(la conservation des acquis paraît être chez l'homme un devoir sacré pour lequel il se ferait écorcher vif plutôt que d'en perdre un seul. Entêtement idiot puisqu'écorché il n'aurait plus que les os et la chair sur le dos et aurait perdu son plus bel acquis, sa pelisse de singe nu)*, mais également pour former ses successeurs à la dure leçon de l'existence. N'ayant pas eu l'idée de l'écriture, mais portant en lui le goût inné du dessin il orna les grottes de magnifiques images inventant au passage le broyage des couleurs, le médium le pinceau, le pochoir, et l'aérographe. Chacun alors pouvait s'exercer à reconnaître un prédateur de l'autre, un gibier d'un autre et expérimenter sans danger le lancer de javelot et le tir au lanceur en identifiant les points sensibles où le coup sera décisif.

Peut être même en admirant le nombre de pattes dont il dotait certains d'animaux, étudiait-il le mouvement à la lueur vacillante des quinquets…

Les archéologues modernes pensent que cet aspect pratique et domestique est pure fiction et que déjà ces lointains grands-parents spéculaient pour le plaisir des yeux et auraient inventé l'ART. Cette idée satisfaisante pour l'orgueil humain n'est pas prouvée. Mais une question reste sans réponse. Pourquoi des dessinateurs aussi talentueux n'ont-ils jamais peint un homme ou une jolie baigneuse de ces âges premiers ? Et puis que ne dirait-on pas après la découverte sous des tonnes de terre meuble d'un poulet grillé au centre d'un four rouillé si de nos jours n'existaient ni poulets, ni four ! Objets d'un culte ancien ? Restes d'une cérémonie énigmatique ? Acceptons sans chicaner les thèses et les catalogues des archéologues, des anthropologues, des géologues, des climatologues et des paléontologues. Ils sont les admirables et patients découvreurs et conservateurs de l'étonnante histoire de l'art et des hommes à travers les millénaires.

Ce que ne sont pas les Conservateurs de nos Modernes musées du Bazar contemporain. Les premiers s'évertuent à tout comprendre, les seconds s'échinent à ne rien comprendre. Comprenne qui voudra…

Considérons que toutes les images jusqu'à l'invention de l'imprimerie et de la photographie n'obéissaient qu'à des besoins pratiques et merveilleusement matérialistes. Pour le détenteur du savoir il s'agissait de former des élèves, pour le détenteur du pouvoir de faire passer la bonne parole, pour le détenteur de la parole des dieux de faire trembler les foules impies, enfin pour tous, de laisser aux mondes futurs une trace de leur passage dans ce vide sidéral qui sépare une génération de l'autre. Les inventions modernes et mécaniques allaient tuer le patient travail manuel des peintres, des artisans d'art, des architectes, des sculpteurs quand quelque part, quelqu'un dans un envol sublime, substantiellement subliminal et prémonitoire décréta que l'image serait gratuite *(gratifiante)*, faite pour le plaisir du regard et des sens. L'image serait désormais à dévorer des yeux, nourriture de l'esprit, repos du guerrier. Ce grand homme ne figure dans aucune encyclopédie, aucun dictionnaire académique et naturellement pas dans les archives des immortels. Dommage et tant mieux. .Dès ce jour il apparut aux esprits perdus dans le vague de leur pitoyable existence que l'Art était rédempteur. Ces nains rabougris virent là un moyen de remplir le vide de leur âme et de passer aux yeux des masses comme d'indispensables mentors. Incapables d'écrire, de peindre, de sculpter en un mot inaptes à la création ils firent de l'Art leur chose. Depuis ils dissertent, prêchent dans le désert culturel, font ou défont les artistes, caracolent sur le cheval fou de mots incompréhensibles, censurant ici ou là, énonçant des vérités incongrues que des gogos et des bobos encore plus incultes transportent à travers les continents comme des bagages en peau de crocodile.

Ils inventèrent les Écoles d'Art où l'on apprend tout et surtout pas l'Art, ils imaginèrent l'histoire de l'Art, invention bien commode qui permet à un fumiste distingué déguisé en penseur du siècle à bavarder des heures durant sur la présence d'une chiure de mouche sur un tableau de Bruegel l'Ancien, sur les raisons d'un raisin dans une vigne vierge en fond d'un nu où Suzanne s'exhibe sans le savoir sous les yeux de vieillards libidineux. Le nécrophage historien d'art ne risque rien, car les artistes morts ne se retournent pas dans leur tombe.

Dans ce monde de paons nés daltoniens et donc qui ne peuvent entrer dans les chemins de fer comme Inspecteurs des signaux *(même à la gare de Laroche-Miggène)*, dans ce monde où l'on confond le Rouge et le Noir avec les très nobles tubes de peinture de la maison BLOCK dont

Dali fit l'usage que l'on admirera éternellement, on discute des goûts et des couleurs, de la matière et de la manière, de la facture et de l'écriture et l'on croit que le Nombre d'Or est le chiffre des droits d'auteur que rapportera un livre *(d'art évidemment)* que personne ne lira ou dont on regardera béatement les photos que se passent et se repassent les éditeurs.

Il y a pire.

Des nécrophages s'érigent et s'autoproclament spécialistes d'un artiste disparu sans héritier. Comme il n'y a ni école, ni diplôme ni examen pour passer du stade de vulgum pecus à celui d'expert, une plaque de cuivre sur le côté d'une porte suffit pour devenir aux yeux du monde le détenteur jaloux, revêche, grincheux, procédurier d'un pseudo savoir exclusif arraché de haute lutte dans cet impénétrable maquis brumeux des *bav-arts*. Dès lors en proxénètes avertis ils authentifient telle œuvre ou telle autre, interdisent telle ou telle publication, et devenu maître du corpus du défunt, veillent jalousement sur une source de revenus qu'ils ont mise sur le trottoir de la notoriété.

Les boutiquiers au secours des âmes

Les ratées de l'épicerie, anciens vendeurs de haricots charançonnés et d'incontournables boîtes bombées d'insipides ratatouilles sans tomates, oignons, courgettes, ail et aubergines, les droguistes en faillite qui confondent le rouge primaire et le rose pompon, les apothicaires et laborantins lassés des analyses de pipis trop salés ou sucrés des assurés sociaux, ont créé des galeries d'Art. Galeristes aussi la vieille épouse d'un marchand de tapis libre ainsi de courir vers sa jeune danseuse, la jeune danseuse d'un vieil époux qui court et ne vend plus de tapis et la jeune épouse d'un vieux danseur qui bat les tapis. Dans ces magasins les camelots distingués accrochent aux cimaises des œuvres dont ils se prétendent les découvreurs.

Les religions ont eu des saints. L'art aussi compte des clercs au grand savoir, aux connaissances immenses, honnêtes et modestes et des galeristes de grand talent, défenseurs des artistes. Loués soient-ils. Mais ne nous égarons pas ils sont moins nombreux que les doigts des deux mains.

Avec les éditeurs d'art, les montreurs d'ours, les marchands des quatre saisons et les promoteurs de la semaine des quatre jeudis, avec les Messieurs Loyal qui annoncent l'arrivée dans les cintres du trapéziste, avec les animateurs des étranges lucarnes, les innombrables humoristes qui ne font rire personne, car ils ont autant d'humour qu'une clé à molette trempée dans du vinaigre *(trempez-la dans l'huile, trempez-la dans l'eau elle deviendra un artichaut tout chaud)* et qui devient un escargot………et tous les ex-séminaristes-communistes-marxistes- trotskystes *(partout où la soupe est facile, les **ismes** ont donné l'idée à d'innombrables fumistes de se déclarer **istes** ! D'où le proverbe : tel isme tel iste)* celui qui montre est devenu plus important que celui qui fait.

Pensez blue-jean, pensez bien, p*a*nsez unique.

Sous le prétexte de servir le peuple, de satisfaire son besoin de beau et d'émotions, de l'élever au rang des élites *(l'élite est toujours autoproclamée et on ignore quel instrument de mesure autre que le compte en banque permet de distinguer l'élite du quidam)* on inventa les Musées. Le Musée est censé préserver les œuvres de l'appétit insatiable du capitalisme, cette hydre d'<u>isme</u> que vomissent les autres <u>ismes</u>.

Ce sont des magasins du type entrepôt où s'accumulent des trésors de l'humanité comme aux Halles les saucisses à l'ail, les cornichons, les plaques de morue salée et le lard en bidon scellés. Nourritures terrestres et victuailles de l'esprit obéissent à des critères de rangement dans lesquels un imbécile fieffé se retrouve sans chercher. Seule différence, ici ce sont des marchands qui président aux destinées des marchandises, là ce sont des Conservateurs. Les premiers procèdent du système capitaliste, les seconds des Ministères de la Culture qui dépendent, en Dictature, du Grand Chef, en Démocratie des Hauts puis des Moyens puis des petits fonctionnaires. Les dictateurs promulguent des ukases, les Ministères démocratiques éditent des Circulaires, ces bienfaisants abris, ces havres, ces parapluies qui donnent aux fonctionnaires la certitude d'être dans le droit chemin, les préservent des obstacles dont toute route est encombrée et les dispensent de ces folles du logis, l'idée ou l'initiative. Maîtres mot de ces organisations : *« Le Guide a dit »* et *« une circulaire est parue »*....

Aux Halles et dans les Musées on pratique la promotion, le marketing et le marchandising, merveilleuses techniques américaines qui, avec l'incontournable publicité permettent de décréter que les vessies sont des lanternes, que le faux sucre n'est pas du sucre, mais sucre et que le colorant ajouté le fut avec la bénédiction d'imprécateurs télévisuels. Ainsi voit-on les foules enthousiastes se ruer vers les expositions pensées, organisées et en ressortir pour digérer le ragout servi selon les critères de Madame ou Monsieur Le Commissaire *(sic et attention à vous scrogneugneu)* quand elles ne poussent pas un chariot au hasard des allées où s'amoncellent inutilités ou victuailles industrielles.

La plus grande surface de la planète, l'hypermarché de la culture, est le Bazar Contemporain. Il a ses espaces culturels et *sociaux (revoici le St. Chrême)*, sa littérature, son langage et ses halles, les Musées.

La parabole du Coffre-fort :

Un Musée est un endroit où, dit-on s'accumulent des chefs d'œuvres arrachés à leurs lieux de destination, suspendus côte à côte comme des saucisses sèches, alignés on non sur des socles comme des bornes à des carrefours et qui ont donc perdu presque toute signification. Au nom du peuple évidemment ce sont des alignements sociaux dont le peuple, plus préoccupé par les trois repas quotidiens se moque comme d'une guigne. Dans une envolée géniale, du type de ces révélations que les Dieux ont réservées et délivrées à nos prophètes, un esprit éclairé par la lanterne de l'imbécillité a déclaré **« qu'il faut et il suffit qu'une chose, un truc, un machin, un bi-**

dule entrent dans un Musée pour devenir une œuvre d'Art. »

En d'autres termes le contenant fait le contenu.

Depuis, le cambriolage, le vol en bande organisée et le braquage de banques ont disparu de la planète. Il n'y a plus de pauvres, de classes sociales, tout le monde est riche.

Il a suffi de découper des rouleaux de papier hygiénique aux dimensions du dollar, du yuan, de l'euro et de la livre sterling, de les enfermer dans un coffre-fort à la banque de son choix et de les échanger contre des lingots d'or. Grâce soit rendue à ce bienfaiteur de l'humanité dont le nom sera tenu secret ici, car tout le monde (même nous) doit aimer tout le monde.

(Fin de la parabole du coffre fort)

La pissotière universelle :

Le Bazar Contemporain est boulimique. Il s'empare de tout, comme les dictateurs, les inquisiteurs, les tortionnaires et leurs sbires à gueule d'ange. Les ismes ont toujours tenté de mettre l'Art à leur service.

Les abominables dictateurs décrètent, proclament une Loi et confient à une bande de crétins aux ordres, le soin d'accrocher sur les cimaises ou de percher sur des présentoirs les insanes productions qui sortent de leur cerveau ou du bulbe cynocéphale des chiens qui aboient après leur soupe.

De prétendus architectes, ratés exclus de la création de mobilier urbain pour sous-préfectures inconnues et qui n'ont jamais pu édifier une vespasienne *(mais dans les dictatures consacre-t-on une seule roupie à des installations sanitaires ?)* élèvent de gigantesques édifices en forme de vespasiennes avec d'évidentes copies mastodontes de colonnes grecques dans lesquelles un homme de l'âge de pierre ne verrait pas un de ses magnifiques, somptueux, poétiques, mythiques et doriques menhirs. Ces mirifiques pâtés de béton, élevés à la gloire du guignol en place sont des théâtres fantomatiques perdus au centre des villes défigurées et isolés comme des atolls dans un océan qui monte sous les coups du réchauffement climatique. Résignée, la foule n'attend même pas la fin de l'orage et la venue du printemps, car les dictatures ne durent qu'un temps et les foules ne le savent pas.

Alors l'Art et l'architecture des ismes, un moment promus au rang des créations sublimes sont jetés dans le cloaque où pourrit incontestablement la stupidité humaine. Le Stalinart, le Ceusescouart, le Mussoliniart, le Hitlerart, le Kimjongilart et le Miamart des crânes fêlés abrités sous des casquettes de généraux, restent comme des chancres sur la peau de chagrin d'une planète en voie de décomposition. Comparés à ces puits d'ignorance crasse, Attila, Mao Zedong, Néron, Attila, Pol Pot, les talibans et les barbus qui détruisent tout autour d'eux et Franco, Salazar, Castro, Bokassa, les Bush père et fils, et les innombrables Tartampions dont s'entichent les sociétés et qui ne construisirent et ne construisent rien, font figure de bienfaiteurs de l'humanité. En démocraties l'opération d'abrutissement des foules est plus subtile. Dans certains de ces pays existe parfois un ministère de la Culture. Comme sous les dictatures.

Parabole du tonneau :

On offrit à un imbécile heureux un tonneau de vin. Après avoir dégusté le tiers de la piquette, il éprouva une grande tristesse de devoir se pencher pour apercevoir ce qui restait dans le récipient, réalisant que le contenu si apprécié diminuait au fur et à mesure qu'il buvait. Il réfléchit longtemps afin de choisir entre ne plus boire ou voir disparaitre tout le contenu du tonneau…

Une nuit (la nuit porte conseil comme le savent les veilleurs de jour dans le boites de nuit) il fut réveillé par une de ces idées qui surgissent une fois dans une existence et qui illuminent de leur soleil divin, les esprits les plus innocents. Dès le point du jour, il versa de l'eau pour remplir le tonneau à plein bord. Il n'avait plus à se pencher et débordait de la joie de retrouver son tonneau plein. Le vin avait perdu sa couleur rubis pour prendre celle de la grenadine. Les jours passaient, l'imbécile heureux buvait et remplaçait la quantité de piquette dégustée avec bonheur par un égal volume d'eau. Il arriva ce qui devait arriver : le tonneau finit par ne contenir que de l'eau pure. Mais l'imbécile heureux s'étant habitué jour après jour au goût insipide de son mélange, continua de boire, le cœur baigné de bonheur et le foie en parfait état. **(Fin de la parabole du tonneau)**

Les cultivés sauvant les peuples :

Dans les démocraties « le peuple » est, comme le bon vin, l'objet des soins attentifs de tous ceux qui se pressent pour le préserver, le sauver l'entretenir et lui procurer d'immenses bonheurs. On ne manque pas de peuple. On ne manque pas non plus de sauveurs ni d'idées pour apporter au peuple tout ce que les penseurs croient indispensable à sa félicité. L'un des outils privilégiés des distributeurs de joie est la culture ! Malraux qui avait entrevu la fin imminente du spirituel, le seul moyen alors connu d'échapper aux très magnifiques élucubrations de la civilisation de consommation, brillante civilisation inventée par ces philosophes que sont les banquiers, les publicitaires, les « marketings men » et tous les domestiques des industriels de la soupe en boîte, du remède miracle et de la panacée en tube, décréta qu'il fallait remplir le vide par la culture. Clairvoyant *(une fois n'est pas coutume),* il devint Ministre dans un tout nouveau Ministère dit de la Culture. Ainsi commença l'assassinat de la Culture. Ainsi naquit l'Art sans Art. Ses éminents successeurs espérant traverser les siècles et laisser leur nom dans les livres d'histoire apportèrent leurs pierres à la nouvelle Babel en construction. Leurs noms ne figurent pas ici, non par charité, mais d'abord par ce que le peuple s'en contrefiche et ensuite par ce qu'ils finiront aussi dans le compost de l'Histoire. Soyons donc en avance sur le temps qui nous est compté.

Les pays, dictatures ou démocraties, sont composés de citoyens ordinaires et de fonctionnaires. Les citoyens ordinaires produisent des biens négociables qui après négociations engendrent de nouvelles productions. Le cycle de la production est censé enrichir les peuples, favoriser le développement donc le bien-être et le bonheur. Les fonctionnaires, exception faite de ceux qui gardent, soignent, transportent, entretiennent routes, rues et voies et de ceux qui impriment les billets de banque utiles à la diffusion des productions, ne produisent rien. Nécessités des organisations humaines , ils veillent, surveillent, contrôlent et remplissent du papier. De cette fonction peu enrichissante certains se sont échappés ayant découvert dans le Ministère de la Culture la miraculeuse occasion de sortir du lot, de s'élever au rang des Grands Prêtres et de participer au remplissage du vide. En France, démocratie confisquée, il y aurait plus de vingt-deux mille fonctionnaires culturels qui se sont donc érigés en vinificateurs exclusifs de ce tonneau des danaïdes : le peuple. Ainsi est né l'Art officiel qui officialise, sacralise, sécrète, décrète sans appel, sans juge, sans contrôle à l'instar des dictatures les plus folles. Évidemment il ne tue ni n'emprisonne, mais il condamne à mort ou au néant tout créateur qui ne sort pas de son moule infaillible. Le peuple ne retire rien de toute cette agitation, car peuple il est, peuple il reste. Mais l'Art devenu Bazar Contemporain enrichit un peu plus les plus riches des riches les plus malins et au passage quelques fonctionnaires, galeristes et artistes, autoproclamés Papes, Cardinaux, Evèques et Archevèques de cette église socioculturelle en charge de purger le peuple des occlusions intestinales et de la crotte industrielle. Cette nouvelle église possède ses bedeaux, ses grenouilles de bénitiers et ses magasins, bazars vendeurs de bondieuseries. Le pays en est infesté. Même dans des villes microcosmes, des bigotes du Bazar Contemporain camouflées en associations « culturelles » engloutissent voracement des subventions nationales, régionales, départementales et locales. L'argent des contribuables est l'argent le plus facile à gagner ! L'Art est donc « traité » par des fonctionnaires, spécialistes incontestés de l'application des ukases des technocrates qui ,eux, savent tout puisqu'ils ont tout appris, y compris l'Alpha et l'Omega, dans de grandes écoles. Entre les mains expertes de cette armée de l'esprit, l'Art devient un déballage d'épiciers en gros, un bric-à-brac insolite. Comme personne dans ces milieux autorisés ne veut passer pour un crétin rémunéré, chacun y va de son refrain prédigéré, et les expositions consacrées aux Écoles et aux gloires incontestées, le temps ayant fait son œuvre, se succèdent pour le plus grand plaisir des visiteurs qui ressortent de là cultivés comme des légumes bien pensants. Ce serait un moindre mal, car à bien réfléchir, même si des imbéciles viennent baver devant des chefs d'œuvre c'est toujours un moment de grâce pour les artistes. Hélas, hélas trois fois hélas, il est des pays où les fonctionnaires à qui on ne demande que de fonctionner se prennent à vouloir tout régenter. Possédant les pouvoirs discrétionnaires dans le choix et l'emplacement des vespasiennes *(en démocratie on dépense beaucoup de roupies pour des installations sanitaires. Le proverbe le plus en, vogue ne dit-il pas : « la caravane défèque en lieu sûr et les chiens lâchent leurs crottes en lieu public » ?)* L'armée des cultivés des Ministères de la Culture s'agite comme celle des termites processionnaires mordant à pleines mandibules affairées dans tout ce qui ressemble de près ou de loin à une œuvre. Ici les nourritures spirituelles engraissent des esprits qui autrement resteraient des ventres plats.

Avec un plaisantin dénommé Duchamp qui a décrété un jour qu'une vespasienne *(nous retrouvons ici cette merveille incontournable, rarissime chez les dictateurs et objet de soins et de recherches savantes dans les démocraties)* était une œuvre d'art, est né le Bidule Contemporain, la solution totalitaire, le nouvel humanisme réducteur qui rend les hommes plats pour le monde blue-jean. Aucun isme n'avait rêvé à cette divine surprise !

Ne pas confondre avec l'Art Moderne, l'Art d'Aujourd'hui ou l'Art de nos Contemporains. L'Art Contemporain (le Bazar) est une appellation strictement contrôlée, délivrée, comme le vin du tonneau de l'imbécile heureux, à un genre de production fourre tout par le Ministère de la Culture et ses fonctionnaires sacralisant ainsi, après Duchamp, les merveilles produites par l'industrie de l'inutile.

Extrême complexité de la nature humaine : pour délivrer les hommes des excréments de leur merveilleuse moderne civilisation, le Bazar Contemporain a élevé au rang des chefs d'œuvres la merde, l'urine, le sperme, la chiure de moustique, la bouse de vache, la rouille, le sang, le cadavre, le vomi, le ver, l'asticot, la mouche verte, le rat, la langouste pourrie surgelée, le sexe découpé en tranche, le liquide amniotique et la sueur, les menstrues et le pet foireux en incommensurables merveilles.

L'Art sans art est le maître mot du Bazar Contemporain. Lui même devient sublime s'il n'existe plus. L'immatérialité est son aboutissement. Yves Michaud a écrit :

« ...de l'œuvre...il ne reste plus qu'un parfum, une atmosphère, un gaz... »

Parabole du pétomane :

Quelque part dans une région fameuse pour le nombre des génies qui y naquirent, un artiste contemporain avant l'heure

vint au monde un soir de Pâques. Il est clair que nul ne se doutait qu'il serait un jour le plus grand plasticien de tous les temps.

Ses parents penchés sur son berceau s'extasiaient de ses sourires, ses rires et s'inquiétaient de ses pleurs pourtant si normaux chez un enfant en bas âge. Une chose intriguait les pédiatres souvent consultés comme il se doit par des parents attentifs au développement de leur progéniture. Cet enfant flatulait de plus en plus fréquemment. On s'interrogea, car cette étrange manifestation corporelle ne pouvait résulter de ses biberons. On ne déguste guère de cassoulet dans les pouponnières, ni de marrons glacés ni d'ailleurs d'aucune espèce d'aliments producteurs de gaz intestinaux.

Le bambin ne paraissait aucunement gêné par cette anomalie et s'il pleurait comme tous les nourrissons c'était pour signaler le retard dans la livraison de son biberon ou de sa bouillie préférée. Il semblait même prendre beaucoup de plaisir à se faire remarquer par une flatulence bien sonore dont le ton changeait selon les circonstances. Il laissait échapper un son suave légèrement sifflant quand on le prenait dans les bras, signe évident d'une intense satisfaction, il lâchait un bruit profond, grave, aux sonorités d'une basse d'opéra quand on changeait ses couches et un sifflement long et aigu dès qu'il était plongé dans sa baignoire, son qui surgissait de l'eau comme le gargouillis des ballasts grands ouverts d'un sous-marin regagnant la surface. Comme aucune odeur n'accompagnait ces bruits incongrus, on décida de s'en amuser puis on s'y habitua. Les enfants apprennent vite. Le futur prodige n'échappait pas à la règle. Il découvrit rapidement que ses émissions sonores attireraient des regards désapprobateurs, des remontrances, des rires obscènes de la part de ses coreligionnaires et des punitions dispensées par des aînés, parents, alliés, et professeurs. Il s'abstint donc de se livrer en public à ce qu'il découvrit rapidement comme une faculté exceptionnelle d'exploser quand il le voulait et comme il le souhaitait. Mais il perfectionna son exclusivité physique et se plongea secrètement dans des re-

cherches et lut une infinité d'ouvrages savants : traités de médecine, de pharmacie, de chimie et d'alchimie, de botanique et, par un étonnant miracle, tout ce qui concernait les parfums…Ces derniers ouvrages allaient faire sa fortune. Après des études plus ou moins cahotantes, il s'essaya dans divers métiers, mais aucun ne lui donnait satisfaction. Sur les conseils d'un lointain cousin quelque peu marginal, il entreprit de devenir comédien. Convaincu que les livres sont les moyens incontournables d'approfondir un savoir il dévora tout ce qui avait été écrit sur les acteurs et saltimbanques. C'est ainsi qu'il découvrit que son étrange pourvoir flatulant avait eu les honneurs de la scène en la personne d'un pétomane resté fameux depuis le siècle précédent. Il se lança avec enthousiasme dans cette profession et de théâtre de poche en théâtre plus grand puis d'émissions, si l'on ose dire, en émissions, il parut à la télévision.

Il arriva ce qui devait arriver. Un critique d'Art Contemporain parla de ce prodigieux phénomène à un organisateur d'expositions officielles, à un commissaire-priseur et à un galeriste à succursales multiples. Un homme d'affaires se joignit à cette équipe de découvreurs de talents et conseilla les services de son agence de mar-

keting et de publicité. Le spécialiste « du vent », véritable génie de cette aventure décréta que pour se démarquer des pétomanes du passé il fallait joindre l'odeur au bruit. Le jeune homme se livra à des recherches approfondies portant sur l'ingestion de parfums alimentaires. Depuis lors, l'Art Contemporain compte un des plus grands créateurs de tous les temps. Dans des salles et des Musées du monde entier, lors de performances bien organisées et devant un public averti et trié sur le volet, il flatule et dégage tous types de parfum : menthe, réglisse, rose, vins d'appellation contrôlée, épices exotiques, chocolat, cafés corsés ou légers, thés réputés et même des senteurs de cuisines internationales. Pour s'enrichir et arrondir les fins de mois de son équipe de conseillers et associés dont le milliardaire et le publicitaire marchand de vent, il flatule dans des flacons que distribue un réseau de galeristes associés. Parfois un collectionneur met en vente un flacon parfumé ce qui par le biais d'une salle des ventes agréée fait monter la côte de l'artiste. Et comme ce talentueux créateur flatule à volonté on lui attribue la devise « flatulat nec mergitur »

(Fin de la parabole du pétomane)

Le tri sélectif, médium, support et œuvre :

Au moment où le tri sélectif sauveur de la planète est devenu une loi commune impérative, des experts infaillibles en art et culture inondent notre environnement des déjections artistiquement débiles élus chefs d'œuvres par leur esprit tourmenté et pervers. Marx et le communisme sont morts ? Dommage ! Tant mieux ! Mais voici, l'armée des ismes à l'affût, qui va prendre le relais de cette religion hydre aux cent mille têtes. Tout n'est pas vain : si le tri et la récupération des crottes enrichissent les fabricants de motos cacaphage, la production et la diffusion de déjections artistiques enrichissent de riches collectionneurs.

Comme on n'est jamais assez prudent avec le futur, ils choisissent pour exposer aux yeux des foules béates les crétinismes de leur choix, des Musées spécifiquement construits, que le peuple *(encore lui qui ne comprendra jamais quels dévouements se tuent à l'enrichir !)* confond avec les palais-vespasiennes des dictateurs. Plus malins certains collectionneurs avertis *(délit d'initié ?)* investissent ici des palais royaux ici, là des demeures princières, ailleurs des palais vénitiens.

Il n'y a jamais eu d'artistes plasticiens pauvres.

Cette légende permet, au nom d'une malédiction et d'une misère supposées, d'interdire de ne pas aimer et d'obliger à aimer toutes les rognures d'artistes proclamés tels. Qui n'a rêvé de recevoir de son frère une pension alimentaire et de courir comme Van Gogh les campagnes pour faire quelques croquis et admirer des heures durant, les croupes arrondies des paysannes penchées sur leur faucille ?

Le Bazar Contemporain est intolérant ? Oui ! Il détruit toute spiritualité ? Oui ! Il dénie le savoir-faire, le merveilleux bonheur de la maîtrise technique, le savoir, le patient et lent labeur artisanal de l'artiste broyant ses couleurs, s'assurant que les mélanges médium durcisseur, médium ralentisseur, médium épaississeur répondent aux règles du bien peindre, du peindre solide, du peindre honnête. Le Bazar Contemporain crache son venin sur le dessin, art primordial, inventé par les hommes premiers et qui mérite en cela qu'on se jette à genoux, nous humbles copistes. Intransigeant, intolérant, envahisseur, fasciste ou communiste ce qui est strictement pareil il impose de haïr le passé. A la trappe Piero Della Francesca, Pietro Cosimo, à la trappe la Renaissance, aux poubelles du tri sélectif les œuvres magiques qu'inspira la spiritualité…

Les cathédrales vides deviennent des vitrines pour de Koons, Beuys, Hirst, Morris, Fabre, Serrano, Warhol le meilleur client des marchands de photocopieurs, Jean Pierre Reynaud, Boltansky chiffonnier spécialisé, Paul Mac Carthy, Robert Gober, Mark Quinn, Wim Delevoy, Gasiorowsky, Chris Burden, Hermann Nitsch, Loriot, Mellia, Gonzales-Torres, Basquiat pompe à milliards pour spéculateurs initiés, Nebreda, Margolles la mère Térésa des cadavres, Buren de la ligne verticale *(voir nota)*, Parmentier génial inventeur de la ligne horizontale et non de la purée de pommes de terre comme on pourrait le croire, Toroni le chantre des petits carrés biens proprets, Rutault ou Tino Sehgal connu comme celui qui ne veut rien signer *(exception faite, tiens donc, du dos des chèques qu'on lui remet)*,etc. Liste non exhaustive de génies patentés, agréés par les Ministères de La Dictaculture dont même les poubelles et les fosses septiques de l'histoire de l'Art ne voudront pas. Oui, il y a des poubelles et des fosses qui pensent par la grâce de l'écologie et du tri sélectif.

Dubuffet, prophète du BC a écrit : « *l'Art doit naître du matériau et la spiritualité doit emprunter le langage du matériau* »

On comprend maintenant la mine réjouie des vidangeurs de fosses septiques trop pleines à qui le matériau insuffle odeur de sainteté et spiritualité. La crotte est l'essence de la pensée et de l'élévation des âmes. Qui l'eût cru ?

*(**Nota** : l'auteur offre une forte récompense (une pissotière pleine de vin blanc d'appellation contrôlée « pipi de vigne ») au lecteur qui lui signalera si existent un ou des plasticiens du type Buren, mais spécialistes de la ligne oblique montante de la droite vers la gauche ou montante de la gauche vers la droite, descendante de la droite vers la gauche ou descendante de la gauche vers la droite et comment on les distingue)*

Parabole-éloge de l'ombre :

Plumes, crayons, fusains, sanguines, craies noires et blanches, pastels, pinceaux, roseaux et bâtonnets dansent à travers le vaste monde la ronde endiablée et magnifique à la gloire du dessin.

Marionnettes graciles, sous la main inspirée des créateurs ils sont Polichinelle et Pantalon, Pierrot et Colombine, étoiles et corps de ballet, serviteurs des magiciens de la Commedia dell'Arte, comédie de la Vie.

Leur théâtre, la feuille, n'est plat que pour les âmes mortes, dépouilles des êtres trainant le suaire de l'ignorance et de l'ennui.

Pour toi, artiste, les outils sont la magique baguette du chef d'orchestre. A l'écho des mélodies se mêlent les échos de tes couleurs. Et l'arc en ciel se pare de pierreries. Ce n'étaient que des riens. Les voici devenus joyaux.

Si ton dessin chante, si tes ombres et tes lumières se mêlent en une harmonie de sons tendres et légers, diaboliques et étranges, somptueux et chromatiques, puissants et solitaires, alors tu sauras lequel de tes instruments mérite d'être conservé dans un écrin, hors de portée des cuistres.

Le lavis :

Ici commence le monde des signes, des reflets, de la suggestion habile et de l'illusion bienfaisante. Ici commencent les mirages. L'Océan est un univers d'images changeantes, mobiles, objets des vents et du rythme des flots. Avec l'eau, avec les encres, avec la sépia et le modeste brou de noix tu deviens découvreur de mondes nouveaux, pays d'épices, terres de saveurs et de senteurs.

Tu vas être le vent, la marée et la lame aux mille argents, aux ors mouvants et éphémères. Mais ton or, ton argent seront formes, traits, créations sublimes sur une plage blanche. Le lavis est un jeu subtil, tantôt vif, tan-

tôt allongé, tantôt lent, d'un pinceau au service d'un geste divin.

Danseur étoile ou fantasmagorie, il est le lien qui te relie au monde, les baisers de ton âme déposés par ta main sur le vide blanc.

Liberté ! Si l'on devait graver ton nom dans le langage des artistes à l'entrée des ateliers il s'écrirait Lavis. Souviens-toi qu'ici encore la patience est la seule et exemplaire vertu. Pose des traces infiniment subtiles, telles le sillage d'un voilier sur une mer quand le vent est imperceptible.

Les premières formes ainsi mises en place seront vapeurs, nuages au lever du jour.

La danse de ton pinceau va devenir vie, splendeurs et lumières. Comme une symphonie de soleils sortant des horizons tes dessins vont naître. Avec des noirs, des blancs, dorures inspirées, tu avanceras vers des mondes nouveaux, conservant seulement pour la fin du voyage les griffures les plus affirmées, celles qui transmuteront en feux de lumières les gris, du plus subtil au plus nocturne, du plus léger à l'infime funambule.

Au bout de ta route flottent des îles épicées, mélanges subtils du parfum des poivres et du jasmin, des citronniers et du gingembre. Dans la faible clarté du couchant, les mâts des grandes jonques dessinent dans le ciel des signes de bienvenue. Marin ivre de sel et d'eau, d'air et d'espace tu vas aborder le quai de marbre. L'accostage est une cérémonie sacrée. Tout le voyage était initiation. Capitaine courage ton havre est le dessin, ton océan la page, ton navire le pinceau, ta cargaison les encres, ton équipage ta main, ton compas le motif et ton étoile polaire ce besoin de créer qui illumine ton sillage et enflamme la proue de ta nef.

Le fusain :

Le charbon de bois, la modestie même…Apparence qui cache sa noblesse aux sots, aux âmes vides, aux cœurs glacés. Fils du feu et de la lumière il est l'obscurité qui engendre des gris et des noirs de velours. Par lui, la feuille devient espace, monde, montagnes et plaines, villes et champs, terre des hommes.

Il fut l'outil premier, l'instrument subtil d'une main inspirée. Au fond des cavernes obscures, lui, le noir de-

vint couleur et de la nuit des temps nous parvient le Message.

L'ombre :

L'ombre n'est pas la nuit. Elle n'est pas le néant. Par elle, les lumières, enchantement, deviennent symphonies.

Tu apprendras à poser chaque gris, chaque blanc, chaque noir exactement où il convient c'est-à-dire où tu le veux vraiment. Ainsi tu découvriras la grandeur de ton pouvoir. Les ombres ne sont pas mensonges. Par leur trompeuse simplicité, par leur pouvoir étrange de se mêler sans frontières les unes aux autres, elles sont la sincérité. La lumière n'existe que par ce qu'existe l'ombre. Tout comme le jour nait de la nuit, la pierre du volcan, l'eau de l'éternité, l'âme de l'espace, le mouvement du tourbillon des galaxies, le navire de la forêt, la blanche voile du patient labeur des fileuses, l'étoile des vœux du berger, la tempête des vents sauvages, les flots en fureur du rocher déchiré, le nuage de l'illusion, le réveil du rêve, le sommeil du cycle heures, la nage de l'apesanteur des entrailles de notre mère où commença notre voyage. L'ombre n'est pas l'obscurité des tombes où l'on se perd à jamais. Elle est ce calme de la nuit au chaos d'étoiles, repères, bornes, guides conduisant vers d'autres bornes, d'autres repères, d'autres guides, les songes des poètes et des artistes. Défie-toi du soleil. Son orgueil est immense. Il pose sa brulante lèvre sur le rien et le rien devient palais. Il inonde d'ors et de cuivres faux les ruines, les os décharnés de squelettes oubliés, le sable vain des déserts, la glace désespérée des banquises, le marbre des palaces détruits, le plâtre des murs écroulés, les restes incompréhensibles de forteresses ruinées, les traces de pas inconnus, les fleuves aux eaux boueuses, les lacs sans profondeur, les vases putrides, les fleurs sans parfum, les arbres sans fruits, les branches et les feuilles mortes. Et de ces ors, de ces brillants, de ces pierreries illusoires surgissent des souvenirs inventés, des images tristes, des nostalgies imaginaires qui font mourir de chagrins inutiles. L'ombre, les ombres remettent toutes choses à leur juste place. Regarde le bleu de la mer. Un soupçon d'ombre et l'étrave sublime des vaisseaux se presse vers l'horizon prochain. Les gris, les bleus de l'ombre sont logiques. L'œil ne peut s'en priver impunément. Ils sont le repos, le silence, le soupir sur une partition où il ne faut ni trop ni peu d'images, de couleurs et de violences. Tu n'useras de cette complice obscurité jamais totalement. Tu ne la déposeras jamais morte, mais pleine de vie, de sous-

entendus, de murmures, de confidences, de discrètes invites, de chuchotements discrets et seulement lorsque tu sauras ce que tu veux exprimer. Alors tes lumières s'enrichiront de ce pouvoir de s'effacer qui est le diamant de l'ombre. **(Fin de la parabole-éloge de l'ombre)**

Business et spiritualité ou les vieux complices

Retour du serpent sur sa queue à sornettes.

Au nom de l'intolérance supposée de nos grands-pères ces crétins colonisateurs à qui nous devons d'être, juste retour, colonisés, le BC interdit toute critique, tout doute. Sacré sacro-saint, sanctifié par une armée de plumitifs dont, heureusement les ouvrages tirés à dix exemplaires ne sont lus par personne, discuté, commenté, encensé par des conférenciers soporifiques qui ne sont écoutés que d'eux-mêmes, le Bazar Contemporain n'en reste pas moins un poison insidieux au service des ismes et de leurs complices spéculateurs.

Les dictionnaires assureraient l'immortalité.

Dans le tsunami de petits paysages douillets, de marines bleu marine, de natures mortes vivaces, de portraits ressemblants et d'audaces non figuratives, qui emportent la peinture vers un cimetière d'éléphants sans éléphant, difficile de distinguer le chef-d'œuvre du tableau de papy, de mamy ou de la tante Gertrude. Alors pour ne pas risquer d'échapper à la postérité, critiques, penseurs, spécialistes et experts emboitent le pas des fonctionnaires sbires du Ministère de la Culture organe central de la dictature républicaine. Et comme les premiers se sont érigés en professeurs, sélectionneurs et acheteurs, les seconds se sont faits les chantres du BC. Pas fous, les riches collectionneurs, entrent dans cette foire, le carnet de chèques à la main et, à la barbe des gogos, souvent après la sanctification du rien par le biais de l'argent des contribuables, se refont un bon bénéfice. De cette armée d'ignares et de spéculateurs, organisés en marché officiel, émergent les têtes des quatre à cinq galeries mondiales où s'organise la côte comme à la halle en gros où se calcule le prix courant de la tête de veau. Ce qui est le plus détestable sur ce marché de grosses légumes est que le poireau s'y croit un indispensable penseur du siècle. Mais attention ! La pensée blue-jean vous impose d'aimer, de chérir et de cultiver le poireau cultivé.

Dans les écoles d'art, on n'enseigne plus le dessin, mais on apprend à remplir les demandes de subventions. On ignore si le mode d'emploi explique comment ristourner un peu de l'argent du contribuable à l'électeur de l'élu...

Andy Warhol, photocopiste couleur et prophète américain déclarait :

« L'art des affaires est l'étape qui succède à l'Art. J'ai commencé comme artiste commercial et je vais finir comme artiste d'affaires ?

Parabole-éloge du métier :

L'outil universel n'existe pas.

Et tu ne découvriras pas ton écriture, cette grâce que tu admires chez un autre, en usant de ses crayons, de sa plume ou de son calame. Ce n'est pas en regardant la mer qui creuse le granit que tu peux imiter l'éternité faiseuse de sels et de roches.

Tu deviendras l'océan sculpteur de falaises en forgeant tes propres outils. Parmi eux se trouve le Stradivarius qui apaisera ton âme. La patience est la vertu de l'artiste et sa noblesse. Du plus humble papier, de la toile la plus richement apprêtée tu dois honnêtement, sincèrement éprouver le grain apprendre la texture, observer l'immensité vierge. Tu ensemenceras ces plaines avec le respect du laboureur pour notre mère la terre. Ne t'efface pas devant ces champs inconnus. Que ta main soit légèreté ou force, que ton cœur veuille laisser son sillon ou au contraire l'infinitésimale marque de ton passage discret et silencieux, tu dois, en découvreur, enfoncer dans le sol ton drapeau conquérant.

Ce sont les caravanes qui ennoblissent le désert, les jardiniers qui épousent les massifs de fleurs, les scribes et leurs hiéroglyphes qui immortalisent les pharaons, les empereurs d'orient et leurs orgueilleuses pyramides. La toile, le papier, le carton sont des manuscrits palimpsestes.

Le créateur est celui qui en révèle les profondeurs et les secrets. Porteurs de tes seuls trésors, ils deviennent mirages et du néant de leur seule beauté, ils naissent aux caresses des milliers de regards, par la magie de ton métier.

La brosse la plus luxueuse, la martre d'or, peuvent n'être que branches mortes. Un humble roseau peut devenir la baguette des enchanteurs. Il n'y a pas de hiérarchie, pas d'outil roi, pas de sceptre impérial. L'instrument roi naîtra de ton âme, de ton savoir et de ton toucher. Ta main est déesse. Tu tires de la boue la créature et la créature se met à danser. Ton dessin est sacré. Il rend L'Art immortel, car il est un signe qu'envoient les hommes d'hier à ceux d'aujourd'hui, ceux d'aujourd'hui à ceux de demain, ceux de demain à ceux des siècles futurs, aux peuples des Mondes à découvrir et des étoiles encore inaccessibles.

Avec l'outil, sur la blanche feuille, le geste le plus insignifiant devient l'inviolable trace de ton passage. Ainsi, geste après geste, c'est-à-dire pas à pas, se dessine un sentier immortel que l'œil suivra, attentif à ne rien perdre de ce que tu as voulu dire. A la manière de l'homme qui partait pour la chasse ou la cueillette et qui a laissé à travers les forêts et les friches l'éternel souvenir de sa marche et de son labeur, tu traceras un chemin de lumières. Tu as le pouvoir divin de mettre où tu le souhaites une musique, une couleur, une courbe qui transfigurent le néant et le font images, bonheurs et chants.

Ainsi dans une subtile harmonie des gris légers cernés ou soulignés de gris délicats et vaporeux comme l'éphémère nuage, de gris généreux comme les rochers lointains dans la lumière changeante des heures, de noirs profonds comme ceux des profondeurs des cavernes, de noirs bleu-

tés comme les cheveux de l'enfant qui tend sa joue aux caresses, de blancs comme ceux de la neige inviolée, de blancs comme ceux de l'écume marine ou ceux de la plume légère de la colombe qui s'éloigne, tu écrieras un nouvel hymne à la joie

(Fin de la parabole-éloge du métier)

Le mouvement immobile

L'histoire de l'Art est riche de mouvements divers qui témoignent qu'à certaines époques, les créateurs sont inspirés par des sentiments du même type, de la même intensité, une même philosophie et une même envie de sculpter ou peindre qui se traduisent par des formes, des techniques, des motifs, le traitement des couleurs, des lumières, des ombres, en un mot par une écriture qui va dans une direction commune pour tous. Lorsque cette vocation universelle est très affirmée, en quelque sorte revendicative, on parle « d'école ». La durée de vie d'un mouvement artistique est très variable : de quelques mois à quelques années. Est-il besoin ici de rappeler ce que furent la Renaissance, le Maniérisme, le Classicisme, le

Romantisme, l'Impressionnisme, le Fauvisme, etc. ?

Le Bazar Contemporain est un frénétique du classement. Mais le classement pratiqué dans les arts plastiques est du type fasciste ou communiste ce qui revient au même (bis). Pensée blue-jean oblige ! Ce qui était une commodité pour le droguiste, le quincailler, l'épicier en gros ou en détail et le magasinier est devenu la méthode sûre et sans appel de distinguer les bons des méchants, les imbéciles heureux des imbéciles grincheux et les artistes X des artistes XX ou XXL. Ce système fait le bonheur des fonctionnaires, car il facilite la confection de circulaires et d'inventaires. Les caleçons sont inscrits aux pages des caleçons et culottes, les peintres maudits au rayon des peintres maudits et les hôtes du Goulag en fonction de la durée de la peine à purger. Il fait aussi la joie des plumitifs et des conférenciers de l'Art, chacun se spécialisant et faisant sienne une catégorie ou l'autre. En outre un tel classement facilite les encaissements, commissions et ristournes, car sur un marché, moins il y a d'intermédiaires, meilleurs sont les bénéfices.

Parabole de l'alchimiste :

Après avoir trituré, mélangé, cuit et recuit les mélanges les plus hétéroclites et les plus inattendus, un alchimiste se résolut à admettre que la découverte de la pierre philosophale n'était pas pour demain. Il se trouva en possession d'un incommensurable stock de pâtes, riz, viandes, poisson, veau, vache, cochon, couvée, ainsi que de cornues remplies à raz bord de liquides divers, acides, huiles et urines humaines et animales. Une nuit il eut une idée lumineuse. C'est toujours dans l'obscurité nocturne que les idées sont lumineuses... « Puisqu'avec des détritus je ne peux faire de l'or, je vais faire de l'or avec des détritus ».

Pour sortir de l'isolement où il s'était enfermé, pour en finir avec la noble solitude du chercheur il étudia les lois du commerce. Il découvrit que le monde des clients appartient à ceux qui se lèvent malins. Ainsi, il apprit que la publicité peut, par le pouvoir du verbe, transmuter le vil métal en espèces sonnantes et trébuchantes, en pièces d'un or du meilleur aloi. Il était riche. Il s'acheta une agence de publicité, officine où n'exercent que des génies de la création, de la rédaction, de la poudre aux yeux et de l'art subtil d'endormir les foules par l'image et le boniment. Les esprits les plus avisés dans ce petit monde lui enseignèrent que si un canard boiteux se pare de plumes de paon il peut paraître tel un phénix. Il s'offrit également le secours des fonctionnaires du Ministère des Comestibles et de la Digestion de son pays : ici un maître pâtissier, là un maître cuisinier aidé de ses gâtes sauces, qui devinrent ses conseillers culinaires, ailleurs enfin un expert en flagorneries, docteur es verbe abscons, faconde impérative et sentence sans appel qui se chargea des étiquettes, des modes d'emploi, des textes, des brochures, des dépliants et des ouvrages de cuisine savants. Il battit le rappel de tous les gens en vue à la Cour et à la ville s'entourant ainsi d'une foule docile d'admirateurs qui allaient enrichir la statistique. Il trouva sans difficulté quelques bricoleurs qui, munis de poêles, moules, casseroles, cocottes, plats, saladiers, tranchoirs, égouttoirs et autres ustensiles de cuisine, assemblèrent les mille et un résidus de son antre et laboratoire. Ces conseillers étant excellemment placés dans les officines nourricières de l'état, il obtint sans trop de mal de présenter ces œuvres dans des locaux officiels : grands hôtels agréés, restaurants, halles, salons des Comestibles industrialisés, écoles, lieux de culte et maisons du peuple. Les œuvres ainsi labellisées il les présenta aux suffrages de riches acheteurs par le biais d'une maison de ventes aux enchères lui appartenant, ce que tout le monde ignorait.

Même le plus habile des marchands ne peut tout vendre. Il exposa donc les reliefs dans un fast-food ouvert aux peuples, initiative sociale évidemment, que l'on s'empressa de saluer comme il convient. Et voilà comment en diffusant des coquilles d'huitres sans perle et des coquilles sans escargot il transmuta de vils rogatons en or du meilleur aloi. L'histoire ne dit pas ce qu'il fit des liquides.

On pense qu'il les recycla dans des épiceries ordinaires. **(Fin de la parabole de l'alchimiste)**

La sacrée Mission ou la « bande » de Moebius :

Provisoirement engloutis dans le fumier de l'Histoire le communisme, le nazisme, le fascisme et autres idéaux, du plus crétin au plus cruel et mortifère se sont donc assoupis. Mais les esprits, surtout de ceux qui prétendent au gouvernement des hommes, ont été suffisamment et si profondément contaminés que les ismes modernes en sont aujourd'hui gangrénés. Aidés et soutenus par une foule de fidèles et de croyants, supportés comme une équipe de football, cette hystérie collective moderne, ils persévèrent dans le projet de créer des sociétés idéales, de leur point de vue évidemment, en changeant les hommes.

Le Bazar Contemporain qui s'est érigé comme Clergé en charge du programme doux de cette mission sacré, la partie dure étant dévolue aux tortionnaires, a permis à ces cauchemars assoupis de se cacher sous les habits de la liberté.

Or l'homme est interchangeable, mais on ne peut le changer.

Le Bazar Contemporain ne compte pas que des imbéciles. Il est plutôt composé en majorité de petits malins qui ont compris qu'il valait mieux rester le Clergé que le troupeau de moutons et que s'est en tondant ses derniers que l'on peut changer les sociétés pour son propre profit. Qui dit Clergé dit Évangiles, Commandements suprêmes, prêches, anathèmes et inquisitions diverses et variées. Le Bidule Contemporain est donc devenu la religion nouvelle, l'Art sacré.

Il s'est bâti une église et s'est installé sur une sorte de territoire international, un espace topologique c'est-à-dire un espace limité, continu et discret, un espace homéomorphique tel la bande de Moebius. Ici le mot « bande » ne manque pas de sel…

Dans ce Vatican d'un nouveau genre on ne trouve donc que des Papes, Cardinaux, Archevêques, Évêques, Grands Prêtres, Diacres, Archidiacres, Abbés, Abbesses, Moines, Moinesses, Bedeaux et Grenouilles de bénitiers, veillant sur le troupeau de fidèles tremblants et admiratifs.

On y découvre également des experts et des

marchands du temple, mais en petit nombre, car meilleur est ainsi le partage des deniers de ce culte. Il n'y a pas d'enfants de chœur, sinon un petit groupe de chanteurs dédiés aux louanges des élus. Il n'y a pas de vierges, de puceaux et d'oies blanches.

Sur une bande de Moebius il est impossible d'entrer, car, comme nul ne l'ignore, elle n'a ni début, ni fin, ni entrée, ni sortie. Du haut de ce paradis où se fabrique l'homme nouveau, le tissu social parfait, l'intégration sans quota, le mélange idéal des genres, on est tranquille et entre soi. On s'y réunit, on s'y congratule, on s'y félicite, on s'y promeut, on s'y proclame, on s'y auto proclame et, sans le crier sur les toits, on s'y enrichit.

L'essentiel des prêches tient en quelques mots :les sociétés sont mauvaises, puisqu'on vous le dit d'en haut et il faut en extirper tout ce qui en était l'essence.

La Grande Pissotière est devenue les fonts baptismaux de la création nouvelle. Les grands évangélistes St. Breton, St. Dada, St Duchamp, St.Klein, ont écrit les textes sacrés. Le Bazar Contemporain est saint, car il est social, citoyen et pour le peuple. Le reste est vanité, horreur, péché mortel. Au bûcher donc tout ce qui fut dessiné, bâti, sculpté, peint, façonné. On doit jeter aux orties ou plutôt dans les geôles des goulags modernes les créateurs anciens devenus des blasphémateurs, des apostats, des suppôts de ces Satans, le talent, le goût, la beauté servis par ces horreurs le savoir-faire, le métier (il mestiere) et le respect des règles.

Maître mot de l'époque Blue-jean : Il est interdit d'interdire. Le Bazar Contemporain et son clergé n'interdisent pas, ils jettent des interdits ce qui est, par la grâce du Verbe, bien différent.

Pour la bande de la bande de Moebius, le Verbe est primordial. Une production n'est rien si un discours, un fleuve de paroles, une brochure estampillée, un livre, une encyclopédie de la question ne l'accompagnent pas quand ils ne la précèdent pas. On a même des créateurs (sic) qui écrivent ce qu'ils devraient faire et ne le font pas puisqu'ils ont écrit ce qu'ils allaient faire se dispensant ainsi de le faire. Au peuple il reste à voir ce qui lui est assigné. Par le Verbe, le rien, le néant sont devenus reliques. Les lignes à la Buren comme celles de ses imitateurs sont les rayons d'Aton tombant sur les têtes d'œufs et les sanctifiant.

Parfois le peuple, qui a bien d'autres chats à fouetter, est surpris dans sa course alimentaire. Comme les cocktails et vernissages sont gratuits et parfois généreux en cacahuètes, pommes frites et vins rosés, le bon public s'agenouille, se prosterne et gonfle la statistique qui ne précise pas le nombre des benêts béats, des ahuris stupéfaits et des badauds déçus. Tout le monde se réjouit sûrement de savoir les contributions, taxes et impôts aussi bien dispensés. En effet les prêcheurs qui n'ont aucun compte à rendre aux Contrôleurs si efficaces de l'Administration se présentent vêtus de pourpre et d'or comme s'ils allaient vêtus *« de probité candide et de lin blanc »*. L'argent du Peuple ainsi distribué est sacré et ne saurait être souillé par les mains impures de quelques grincheux ignares qui ne grenouillent pas dans les bénitiers du Bazar Contemporain.

Si en sortant de ces kermesses un malheureux s'exclame que son fils ou sa fille de dix ans sont capables de réaliser le même type de chef d'œuvre, la réplique du garde-chiourme de service est cinglante :

« votre fils ou votre fille peuvent s'approcher d'une table d'opération, mais ils ne sauront pas extirper un ganglion ! »

A celui qui déclare que l'argent est gaspillé ainsi on répond :

« c'est au service de l'Art donc plus enrichissant que le football ou le tiercé ! » (Ânerie, car on sort plus riche en gagnant le tiercé qu'en revenant de l'expo !)

A l'ignorant qui demande à quoi cela sert. On réplique (aveu des ismes et crétinisme de celui qui avoue ainsi le complot) :

çà modèle et oriente l'humanité !

A celui qui déclare « ces vernissages doivent coûter cher » on répond :

Mais non, il y a des Musées et des salles d'expositions pas chauffés en hiver !

Les réponses cinglantes destinées aux foules qui doutent ne manquent pas. Quant aux affirmations péremptoires et qui ne souffrent aucune critique surtout quand elles émanent d'un gourou du Bazar Contemporain, elles sont paroles sacrées.

Marcel Duchamp a écrit : *« c'est le regardeur qui fait le tableau... »* Ainsi quelques enfants innocents regardant un pédophile qui s'exhibe font de ce monstre un Ange de vertu, puisque le grand Marcel vous le dit !

Mais le comble du culot des défenseurs du Bazar

Contemporain *(tous anciens ceci ou cela du Ministère de la Culture ou de l'un des milliers de bras de cette hydre envahissante)*, surtout quand ils organisent des expositions consiste à dire que tel ou tel créateur est un grand et divin artiste *« puisqu'il a exposé, expose, ou exposera à....(ici_ suit le nom d'un palais officiel)*. Une fois encore le contenant fait le contenu et donc le pipi dans la pissotière de Duchamp est un bordeaux du meilleur cru puisque la pissotière est une œuvre d'art.

Parabole des jumeaux :

Deux jumeaux se ressemblaient tant qu'il arrivait à l'un de se demander s'il n'était pas l'autre et au second de s'interroger s'il n'était pas le premier. Parents, amis, ennemis et alliés ne parvenaient jamais à savoir s'ils étaient en face de Toto ou Titi.

Ils furent identiques en tout et pour tout : mêmes maladies d'enfants aux mêmes époques, mêmes dégouts des carottes râpées, de l'huile de foie de morue et des baisers piquants de la vieille tante mal rasée. Ils avaient pour leur mère et leur père la même adoration et lors des fêtes ils offraient le même collier de nouilles ou le même cendrier en pâte à sel fabriqué à l'école.

Inséparables, ils utilisèrent leur ressemblance en toutes circonstances. Le meilleur en rédaction prenait la place du plus faible. Il en était ainsi pour les devoirs et les compositions, car ils écrivaient si pareillement que le plus habile des graphologues ne pouvait voir de différence. C'est ainsi qu'ils furent reçus à tous les examens et obtinrent tous les diplômes possibles. Ils se marièrent avec deux jumelles si semblables que même dans l'intimité nocturne et complice des chambres conjugales, Madame Toto ne sut jamais s'il elle serrait dans ses bras menus Titi ou Toto, Madame Titi ne chercha même pas à savoir si elle avait soupiré de bien-être entre les mains de Toto ou Titi, Titi ne pensa jamais à deviner s'il butinait Madame Toto ou sa Madame Titi et Toto ne s'interrogea pas davantage pour reconnaitre Madame Titi ou sa Madame Toto.

C'était le parfait bonheur. Ils avaient réussi en tout, mais ils n'étaient capables de rien puisque le bagage, le savoir et le talent de chacun étaient seulement la moitié de ceux de l'autre. Or une moitié d'homme ne fera jamais un homme complet. Ils hésitèrent longtemps pour choisir une voie sur laquelle leur interchangeabilité pourrait s'exprimer le mieux. Ils entrèrent à l'Académie Supérieure des Beaux-Arts et Belles Lettres et en sortirent avec les honneurs. Après une carrière éminente de professeurs, ils devinrent spécialistes en Bazar

Contemporain. Toto devint organisateur d'expositions officielles au Ministère de la Culture et Titi Conseiller culturel de Fondations privées, l'un remplaçant l'autre suivant la moitié de compétence demandée. C'est ainsi que les découvertes de Titi ou Toto fleurissaient sur les cimaises officielles de Toto ou Titi (allez donc savoir…) se transformant ainsi en impérissables chefs-d'œuvre avant de retourner sur les cimaises privées de Titi ou Toto. Ainsi ayant subi le baptême du feu public, les créations dûment estampillées « contemporaines » prenait une immense valeur plus rapidement que s'il avait fallu attendre celle que donne le temps ayant donné du temps au temps. Toto et Titi devinrent si riches qu'ils renoncèrent à leur passe-temps et à l'alchimie qui consiste à transmuter le vil métal en or de bon aloi. **(fin de la parabole des jumeaux)**

La lave BC, vomi volcanique

Le BC n'est pas un complot organisé et conduit par quelques individus organisés en société secrète. Il est comme la mer de laves du fameux Niyragongo.

· Toujours en ébullition il est en permanence nourri de nouveaux apports magmatiques. On y trouve donc les partisans des ismes assoupis, croyants fidèles en la venue de temps nouveaux, des sociologues imbus de leur savoir et de leur prétendue capacité à créer des hommes nouveaux, des Pol Pots armés de l'épée socialo-culturelle, des défenseurs du peuple et des masses laborieuses, des vulgarisateurs de la culture pour tous, des bavards anciens premiers prix de rédaction au collège et qui se flattent d'écrire un livre d'art par an, livre que personne ne lit ou ne comprend, des critiques du type de celui qui a cru intelligent et savant de proclamer que Dali est un piètre dessinateur, ou tel autre qui assure (ce que l'on sait) que Léonardo da Vinci était homosexuel, car la Joconde est un travesti, des travestis qui paradent dans les vernissages avec des dindes désœuvrées, des dames rancies et couvertes de bijoux comme des châsses et des reliquaires, des hommes d'affaires affairés flairant la bonne affaire, des experts exclusifs, des banquiers prêts à prêter, des prêteurs sur gages, des blanchisseurs d'argent et une multitude de barbouilleurs, gribouilleurs, soudeurs, bricoleurs, récupérateurs, éboueurs gonflés de prétentions, imbus de leur faire-savoir et secrètement ravis que l'ignorance, le crétinisme, le mensonge, le plagiat, l'impuissance soient effacés sinon salués comme vertus cardinales. La consécration est venue des États qui ont épandu sur ce magma les éminentes lumières de leurs fonctionnaires. Les États et la France en particulier ont vocation à se mêler de tout. Dans les démocraties confisquées on officialise. Le Ministère de la Culture a sacralisé, sanctifié le Rien devenu ainsi le Tout. Depuis, le magmatique Bazar Contemporain se nourrit de nouveaux arrivants et arrivistes et devient indestructible.Le Bazar Contemporain est international, envahissant, exclusif donc intolérant au nom de la tolérance et cupide.

Le Bazar Contemporain est international...

A l'en croire, le Bazar Contemporain est présent sur tous les continents et dans tous les pays. Certes, celui qui voyage et parcourt les grandes et moyennes villes de la planète peut voir bon nombre de galeries, musées et officines officielles qui lui sont dédiés. Mais pas d'exagération ! Il est des terres à l'abri de cette peste, notamment au Pôle Nord et au Pôle Sud où les pingouins ont d'autres préoccupations, dans certains coins profonds de l'Afrique, de l'Asie de l'Océanie et de l'Amérique où hommes et femmes se parent de fleurs, de peintures patiemment broyées, de plumes et de coquillages avec le goût et le talent des peuples inspirés, ce talent que récusent avec leur verbiage abscons les petits dictateurs du BC. Dans ces derniers paradis de l'art pur où le savoir-faire s'est transmis et magnifié de génération en génération, le Bazar Contemporain a bien mis ses gros pieds, achetant ici ou là quelques créations vite copiées, dupliquées, enlaidies, mais sans réussir à contaminer des êtres admirables de pureté. Il existerait donc des bons sauvages ? Oui, mais il en reste peu …

Et tous les pays sur tous les continents ne sont

pas occupés par un envahisseur fonctionnarisé, à la fois juge, parti, collectionneur, acheteur, commissaire- priseur, revendeur, exposant, critique, conférencier, expert et artiste labellisé. Quelques oasis accueillent des plasticiens qui ont appris à sculpter, dessiner, peindre et façonner comme ceux des générations anciennes qui pensaient à rendre heureux, à créer du bonheur et non à façonner l'homme parfait.

Le Bazar Contemporain est envahissant…

Puisque tout est art, puisque seuls le regard du regardant ou la déclaration de l'artiste déclaré et estampillé font l'œuvre, aucune activité humaine n'échappe au Bazar Contemporain. Si l'on se réfère au discours officiel, de l'acte sexuel et créateur par lequel viennent au monde les plantes, les animaux et les hommes jusqu'à leur extinction, en passant de la naissance à la mort par toutes les situations possibles tout est susceptible de devenir œuvre majeure à destination des siècles futurs. A condition toutefois que le Clergé du Bazar Contemporain est donné son onction et apposé son saint chrême après réflexion, supputation et évaluation des bénéfices espérés.

Le malheur, la maladie, la guerre, les génocides, les geôles, la joie, l'enfant innocent, l'innocent du village, l'épicerie fine, la gargote, le rayon des surgelés dans la grande surface du coin, les toilettes et lavabos des hôtels restaurants, les douches ensablées des plages encombrées en août, les salles des pas perdus et celles des gens perdus et pas retrouvés, les salles des disparus et celles des apparitions divines, le pas obstiné du scarabée poussant sa crotte, celui lent et mesuré du gardien de square, celui très intelligent du conférencier en Bazar Contemporain qui va de droite à gauche sur la scène, celui de l'ouvreuse qui vous aveugle au milieu du court métrage, celui imbécile de l'ivrogne qui prend un réverbère pour canne, celui de la canne qu'on gave pour son foie gras, celui du bœuf égorgé pour la boucherie Allal, celui de tous les moutons processionnaires qui se suivent dans les expositions qu'il faut voir sans doute sur ordre du Commissaire préposé, ceux enfin des auteurs de livres d'art piétinant dans l'antichambre d'un éditeur inespéré qui produira la bible où l'on ratiocine à perte de lignes à propos d'un génie du jour, tout absolument tout relève de la soupe universelle, du magma volcanique, du label BC.

Le spirituel n'échappe pas à la pieuvre. Les religions sont si l'on veut, l'opium des peuples et restent redevables de crimes innombrables. Mais toute médaille a son revers et on leur doit des œuvres majeures, des comportements policés, un art de vivre en société et bien d'autres choses encore qu'il serait trop long de développer ici. Et puis, la spiritualité appartient à l'intime, au soi et à ce titre ne regarde que l'individu. Hélas on trouve toujours des collaborateurs même et surtout pour les basses besognes. Le Bazar Contemporain a contaminé des religieux qui n'hésitent pas à prêcher que *l'artiste d'appellation contrôlée contemporain participe de* la même démarche que le croyant. On ne peut mieux déifier le n'importe quoi … Et si Dieu existe il doit être fier de ses créatures adorateurs de la sus dite pissotière…On a les bénitiers que l'on mérite.

Parabole de la grenouille :

Une grenouille de bénitier, dodue, d'un beau vert grenouille verte, verte de tempérament et alerte sautait de bénitier en bénitier puis agenouillée comme savent si bien le faire les grenouilles de bénitier, elle priait que le ciel ne lui tombe sur la tête. On peut être croyant et craintif. Mais ce batracien était si croyant qu'il s'adonnait quotidiennement à la prière sortant frétillant du bénitier dans lequel il avait plongé. C'est bien connu, les grenouilles aiment l'eau et même l'eau bénite.

La vie se déroulait ainsi pour son plus grand bonheur. Elle plongeait, nageait, priait bien loin des peurs des grenouilles ordinaires qui savent que leurs cuisses attirent des gourmets d'un genre très particulier. Car pour un gastronome normal, les cuisses de grenouilles écartées comme celles des vieillardes incontinentes dont on va changer les couches sont peu appétissantes. Foin de considérations culinaires ! La grenouille de bénitier était connue des bedeaux qui veillaient à ce que les bénitiers et même les fonts baptismaux soient toujours pleins d'une eau fraiche dûment bénite par l'officiant de service. Elle se délectait des chants des petits chanteurs le dimanche matin, des répétitions de l'organiste en semaine, des allées et venues de saintes femmes fleurissant chapelles et autels, des discours et des prêches, mais n'osait se faufiler dans la foule des communiants pour recevoir la nourriture spirituelle généreusement dispensée au cours des offices. Une grenouille de bénitier doit savoir se tenir à sa place. En outre dans la cohue empressée ne risquait-elle pas de se faire écraser ? Un dimanche du mois de juillet, dans la fraîcheur d'une cathédrale de grand renom elle écouta, religieusement, le prêche d'un évêque réputé pour son savoir, son charisme sa grande connaissance des âmes humaines, son indulgence, plénière pour les grenouilles se faufilant de bénitier en bénitier et son ouverture d'esprit. La cathédrale avait été ouverte aux installations d'un artiste de réputation internationale, venu des Amériques, pays où l'on ne recule devant rien. Des voûtes séculaires descendaient gracieusement des préservatifs géants gonflés d'un gaz inerte ininflammable pour prévenir tout risque vu *l'abondance des cierges et bougies. Rouges, roses ou blancs, mais transparents ils contenaient successivement des œufs géants, des poupées gonflables, des biberons, des sucettes à la menthe, des épingles de nourrice énormes et des poussettes miniatures. Au centre de l'édifice, une baudruche en forme d'ampoule électrique de nouvelle génération contenait un liquide blanc épais, du lait concentré sucré offert par une multinationale agroalimentaire, représentant le liquide fécondateur divin, les spermatozoïdes ayant ensemencé l'Univers en sept jours. Au centre du chœur l'artiste avait construit un bassin peu profond rempli d'un liquide jaune paille du plus bel effet qui resplendissait comme une mer d'or pur. Comme il n'avait pu trouver de liquide amniotique en si grande quantité, il avait pompé de l'urine de cheval désodorisée. Ce bassin figurait l'utérus primordial. Le titre de l'exposition s'affichait au-dessus de l'autel en lettres d'or : « **Les sens, l'essence et les sans ciel** ».*

Quant au discours du Monseigneur, ni trop long ni trop succinct, il se terminait en homélie à la gloire de l'Art c'est-à-dire du Bazar Contemporain. Résumons : « Les DESSINS de Dieu sont impénétrables ! L'œuvre inspirée de XYZ que nous admirons aujourd'hui est un appel divin à la créativité donc à la création. Coassez, croassez et multipliez. Ainsi, croyants, vous rejoindrez dans le cercle des élus l'installateur inspiré d'aujourd'hui, car sa démarche est la vôtre. Amen ! »

Les grenouilles sont d'excellentes plongeuses et nageuses. Mais ce ne sont pas des intellectuelles et leur esprit critique ne vaut pas une roupie. La grenouille de bénitier buvant si l'on peut dire les paroles de l'évêque décida de plonger, dès la fin de la messe, dans le grand bassin d'or. C'est ainsi que mourut asphyxiée dans le pipi chevalin, une grenouille de bénitier, chantant alléluia, alléluia. Elle fut changée en statue de marbre, car le sel durcit et conserve. L'évêque envoya un rapport à la Commission des Miracles du Vatican. En attendant une homologation, on peut voir cette sainte grenouille dans le bénitier de la bénite cathédrale. Quant au grand artiste il donna lors de la quête finale 5% de ses émoluments, émoluments payés par les contribuables comme il se doit.

(fin de la parabole de la grenouille)

Le Bazar Contemporain est exclusif et intolérant.

Exception faite de quelques hommes d'affaires, affairistes affairés, d'une poignée de banquiers intéressés par les taux des prêts et d'industriels pour qui le peuple n'a aucun intérêt sinon sa capacité à consommer d'insanes productions, d'inutiles inventions et de les digérer pour en consommer toujours davantage, d'une petite bande de profiteurs dévoreurs de subventions et d'une kyrielle de vieilles dames usées, à la ménopause triste, passionarias en quête de reconnaissance qui se glissent comme des vers nécrophages dans toutes les officines pour se féconder du sperme bienfaiteur d'une Rédemption supposée, exception faite d'une armada d'artistes sans art, sans savoir faire, sans idées, sans talents, copieurs de fabricants de bidets, poubelles, seaux hygiéniques et pissotières mendiant leur part de biscuit, le Bazar Contemporain rassemble la majorité des communo-nazis de la planète.

Au nom de la tolérance, de l'interdiction d'interdire, de l'obligation de tout aimer et de cette invention fabuleuse *le principe de précaution contre l'erreur,* la clique et la claque du BC obligent à la génuflexion devant tout ce qu'ils ont décrété et officialisé.

Au nom des mêmes principes, ils interdisent à toute autre manifestation d'exister, car reconnaitre de la bonté, de l'amour, de la beauté dans une œuvre non labellisée par leurs bureaux et leurs polices s'est pécher, disent-ils, contre le peuple et la manne sociale qu'ils distribuent du haut de leur Olympe. Impérialistes, conquérants, intolérants, ils usent de tous les mensonges, de toutes les arguties, de tous les haut-parleurs, couvrant les voix timides qui s'élèvent ici ou là contre leur envahissante, dégoulinante, dégoutante et putride mayonnaise.

Si des sages se battent un peu partout dans le monde contre le Bazar Contemporain c'est qu'ils reconnaissent en lui le Cheval de Troie des totalitarismes du plus grotesque au plus sanguinaire. Au nom de ces utopies majeures, l'amour universel et la liberté individuelle, au nom de ces théories fumeuses qui prétendent extirper le mal enfoui dans le subconscient de chaque homme et donc de toutes sociétés, ils préparent leurs fameux lendemains qui chanteront comme ils l'avaient promis aux pauvres spectres de leurs goulags et de leurs camps de concentration.

Leurs slogans sont des poisons usant d'une dialectique de la plus haute élévation morale que nul ne saurait réfuter sans paraître criminel. On en usé et abusé pendant des siècles, on a fait mourir durant le dernier millénaire des millions et des millions d'individus au nom de ces fumisteries. Mais on vous le dit, c'est l'Art, cette étrange capacité humaine, et seulement l'Art Contemporain bien sûr qui vont rendre possible l'âge d'or.

Les démocraties sont confisquées ? Quelques dictatures subsistent à travers la planète ? Fidel et Ramon semblent éternels ?

Les généraux du Myamar sont gras et avides ?

La dynastie qui règne sur la Corée du Nord échange le riz du peuple contre de bonnes bouteilles de vieux marc ? Les barbus sont en quête de vierges et de coffres forts inviolables ?

Les paradis fiscaux sont inviolés ? Les politiciens sont inamovibles ? Les débats sont innombrables et sans objectifs autres que de débattre ? Un bavard télévisuel en palmes et tubas va changer la planète ? Un bavard politique énonce des lapalissades qui se veulent d'une haute élévation philosophique ? Un nombre incontrôlable de bavards usant de la langue de bois se lancent dans des discours interminables que personne n'écoute ? Ne craignez rien !

Tout cela va sombrer sous les coups bienfaiteurs du Bazar Contemporain car il est Dieu et tout son bataclan à la fois. Croyez-le puisqu'il le dit !

Quant le communo-fascisme et nazi Bazar Contemporain règnera en dictature Universelle il n'y aura plus de dictature. Philosophie et métaphysique du type Shadok qui avaient conclu que *« s'il n'y a pas de solution il n'y a pas de problème. »*

Foules avides de bonheur courrez vers les Expositions et les Musées fourre-tout du Bazar Contemporain, ce nouvel humanisme. Écoutez la voix éclairée de ses philosophes, retenez la parole sacrée de ses gourous et, en rang par deux, avancez au son de ses trompettes suaves et de ses boites à musique.

Et vous peintres, écrivains, artistes et artisans d'art qui vous élevez contre cette hydre, le BC, prenez

le risque d'être catalogués comme « lepénistes », « nazis », « poujadistes », « réactionnaires » etc. Cette liste n'est pas exhaustive. Référez-vous aux injures en usage chez Staline, Mao, Hitler et compagnie. Rien de grave ! Car ceux qui vous désigneront sont tous, des anciens suppôts ou des néo-suppôts de ces ismes insulteurs ! Pour paraphraser un proverbe célèbre disons « qu'il n''y a pas de joie plus drolatique que d'être traité de nazi par un communiste ! »

La parabole du Coenobita :

Le Coenobita est appelé aussi « bernat lermite ». Celui donc il est question ici était d'une espèce rare. Nous l'appellerons Coco…Il tenait à la fois de la limace, de l'escargot et du ver solitaire. L'histoire ne dit pas dans quelle contrée ni par quel ornithologue il fut découvert.

Parfaitement hermaphrodite comme l'escargot, totalement mou comme la limace commune et parfaitement égoïste comme le ver solitaire il se suffisait en tout. Il était si totalement égocentrique qu'il se reproduisait lui-même pondant tous les cinq ans dans le sable un œuf qu'il fécondait et laissait se couver après l'avoir abandonné et qui de ce fait ne pouvait éclore.

Le Coco de cette histoire était donc unique.

On peut ignorer Darwin, mais il n'empêche que tout être subit les lois de l'évolution et Coco n'échappait pas à la règle. Il évoluait, changeant de taille et de mentalité devenant de plus en plus gros, de plus en plus égoïste, égocentrique, avide, envahissant et cupide. Il ne fréquentait aucun coenbitidae ou crabe des cocotiers, aucun lithodidés ou crabe royal, aucun pylochelidae ou crabe pileux, aucun diogenidae ou crabe de tonneau, pas plus que le teigneux ténia, la molle limace, la fainéante loche, aucun gastéropode, aucun ver solitaire commun et ordinaire.

Nouveau venu sur cette planète il considérait que tout ce qui avait existé avant lui était d'une navrante, encombrante et très regrettable inutilité. Il décréta qu'il était parfait, admirable et que désormais plus personne dans le monde animal ne devait lui faire de l'ombre.

Il était pourvu de deux pinces : à gauche il arborait une pince modeste lui servant de cuillère pour porter les aliments à la bouche, à droite une pince coupante énorme et redoutable avec laquelle il déchirait, dépeçait, broyait ce qui pouvait l'engraisser et qui lui servait d'arme pour dissuader les prédateurs à peine plus grands que lui. Mais comme il grandissait à vue d'œil ce qui est la caractéristique des Coenobitae il se trouvait aux prises avec des adversaires de plus en plus importants. Hargneux, toujours en mouvement, avide de s'imposer partout en maître incontesté il décréta que tout dans la nature relevait de son autorité. Il se mit à régenter les bancs de poissons, à organiser les polypes, à colorer le plancton, à donner de nouvelles formes aux coraux et même à se mêler des affaires des algues. Comme tous les dictateurs il trouva à ses pieds une foule d'admirateurs, de lâches et de profiteurs, et une armée de laudateurs, de prosélytes, de chantres, de sbires, tandis qu'une foule de vieilles langoustes à la carapace incertaine, des crevettes assoiffées de gloire, de crabes mal dégrossis, d'escargots de mer et de terre aux moeurs incertaines puisqu'hermaphrodites se jetaient à ses pieds pour devenir responsables de l'un ou de l'autre de ses garde-manger. Le peuple des méduses se répandit à travers les océans pour chanter ses louanges. Le Coenobita appelé Coco devenait géant et devait changer d'habitat très souvent. Il délogea un gentil pied de pélican puis plus gros encore un buccin doré. Successivement d'un coup mortel de sa pince coupante il élimina des porcelaines moyennes et géantes, des spondyles et des bénitiers, s'installant douillettement à la place des défunts sans se soucier le moins du monde des veuves et des orphelins.

Il devait chaque année trouver habitat plus spacieux, car se nourrissant de tout, se mêlant de tout, ayant reçu l'aval des plus hautes autorités maritimes et terrestres, de Neptune lui-même et des Ministres de l'Aquaculture qui se succédaient selon les gouvernements il devint une espèce rare (souvenons nous il était unique) et protégée.

Il habita successivement une colonne de Buren, un ballon gonflable de Jef Koons, une baudruche stomacale d'Anish Kapoor, structures dont il avait rapidement découvert la vacuité et le vide, mais dont il enrichit son discours de considérations amphigouriques. La fin de son règne, car tout a une fin, fut marquée par son installation dans les épaves d'une galère romaine, d'un trois-mâts barque, dans celles du Titanic, du Lusitania, du Nautilus. Il mourut dans l'hôtel Ryugyong à Pyongyang (quartier de Potong-gang !) la même année qu'un million trois cent quatre-vingt-deux milles Coréens du Nord affamés dont les provisions de riz servirent à acheter dix mille bouteilles d'un précieux Cognac et quatre vingt Ferraris aux garnitures en cuir de veau marin . **(fin de la parabole du Coenobita**)

Le Bazar Contemporain est malsain, dangereux et maffieux.

Il est malsain par ce qu'il nie les valeurs et les patients et minutieux acquis du passé, par ce qu'il prétend incarner enfin la quintessence de l'Art et par ce qu'il se gausse des savoir-faire, de l'apprentissage des techniques et du métier, de l'usage des matières nobles et de la connaissance des outils, en un mot en réfutant les noblesses des technologies au profit de techniques douteuses, d'indisciplines et de désordres élevés au rang de méthodes. Il appelle innovation ce qui reste et restera une simple expérimentation

Il est dangereux, car prolifèrent en son sein non seulement des menteurs, des fumistes, des incapables, des crétins, des copieurs, des imitateurs, des non-créateurs, armés pour seul bagage d'un culot sans égal, d'un ego démesuré, d'une boulimie de reconnaissance et d'un insatiable appétit d'argent facilement gagné, mais aussi, et c'est là le plus grave, de croyants et de prophètes inspirés convaincus de détenir un humanisme salvateur et qui se tiennent prêts à allumer les bûchers où éradiquer qui ne les suit pas. Cinquième colonne des totalitarismes les plus abjects, y compris ceux de la pensée blue-jean, de l'obligation d'amour universel et du meilleur des mondes, il est le fourrier du nominalisme et du relativisme, ces virus immondes, patients, secrets et mortels qui ayant infecté les esprits renaissent et renaissent sans cesse sur le fumier des sociétés endormies ou anesthésiées. Le plus incroyable, mais vrai est que le BC traite de nazis et de fasciste ceux qui le combattent !

Il est maffieux, car il tisse sans relâche une immense toile de réseaux internationaux interdépendants et communicants où les plus malins, les plus riches s'enrichissent encore, le plus souvent avec l'argent des citoyens ordinaires bernés par des *« grands de ce monde »*, *« des tenanciers du show-business et du business bien chaud »*. Il s'appuie sur des banquiers blanchisseurs d'argent douteux, des bureaux et officines où se font les côtes et les enchères, des officiels autoproclamés, des dictatures bureaucratiques, des agents et commissaires omniprésents dans les lieux qui fondent les valeurs et une armée de petits flics à la fois demandeurs, parties prenantes et bénéficiaires.

Il est maffieux, car à l'image de la Pieuvre il a ses tueurs à gages, experts, critiques d'art bien sûr, auteurs, éditeurs et journalistes, qui par leur silence complice ou rémunéré *(allez donc savoir !)* étouffent dans l'œuf toute création non labellisée.

Le Bazar Contemporain est lâche, couard et pleutre

Il est des zones terrestres où il ne met jamais les pieds. Des barbus intransigeants et vigilants, prêts à lancer une fatwa, commandent à des armées de candidats au suicide, car ce suicide guidé procure des nuées de vierges et des océans de miel. Ici le moindre dessin, la plus minime allusion, le plus minuscule croquis d'un *prophète-en- piss*e peut entrainer la mort de son auteur. Si le Bazar Contemporain est iconoclaste, il est sélectif et les artistes blasphémateurs savent soigneusement éviter le poignard, la voiture piégée ou la lapidation.

Dans les pays où ils ont réussi à interdire que l'on interdise, ils se permettent tout. Ailleurs ces grands courageux sont absents, silencieux et même prêts à produire des œuvres (sic) et des installations qui prouvent leur immense respect pour plus criminel que soi.

Conclusion

ou la métaphysique de l'oignon/ :

L'oignon est un légume. Il représente parfaitement le monde moderne et plat tel qu'il sera si nulle résistance ne s'organise et ne se lève pour dire non.

D'où les questions métaphysiques :

1/ qu'est-ce que l'oignon ?

Du latin unio ou unus il est un tubercule unique. En forme de sphère presque parfaite comme la planète terre il est composé de tiges et de feuilles creuses qui s'enveloppent les unes les autres et ne communiquent guère entre elles. Couche ronde après couche ronde le légume grossit. Chaque couche, comme les générations humaines, ne se préoccupe jamais de son action sur celles qui viendront ensuite. Les grands penseurs et gouvernants de chaque époque sont uniquement préoccupés par leur influence sur le présent et la gloire attachée à leur nom qui en résulte, garantie

prétendue d'immortalité. Ainsi les générations suivantes héritent tant bien que mal des erreurs et des crimes des anciens. C'est pourquoi le dernier génocide n'est jamais le dernier, la dernière guerre n'est jamais la der de der et les avanies des ismes disparus se renouvèlent en changeant de nom sur le fumier de l'Histoire.

2/ Que rapport existe-t-il entre l'oignon et l'esprit ?

L'oignon se couvre en surface visible de couches sèches, colorées, imperméables et insensibles. En effet on n'a jamais entendu un oignon crier de douleur, mais il résiste et implique pour être épluché un geste ferme avec un outil tranchant. L'esprit est formé par des siècles d'acquisitions qui ont déposé couche sur couche d'infinis savoirs, mais hélas aussi des strates innombrables d'idées reçues, de colères rentrées, de haines et de violences et d'imbécillités répertoriées aujourd'hui, mais difficiles à éplucher. La dernière couche sèche, colorée, imperméable et insensible est la pensée unique.

3/ Comment faire le lien entre l'oignon, l'univers et soi ?

L'oignon en tant que légume comestible, est minuscule et unique. L'univers est immense et unique. Le soi est infiniment grand, microscopique et unique. Le cultivateur et le marchand des quatre saisons connaissent l'importance de l'oignon dans un étalage. L'astronome, l'astrophysicien et le spécialiste des objets volants non identifiés que pilotent de petits êtres verts ou alliens, savent que l'univers est indéchiffrable dans sa globalité. Enfin le chef dans sa cuisine, le gâte-sauce chargé d'éplucher le dit légume, la ménagère munie de son couteau « *l'économe* » connaissent, comme le philosophe le poids des larmes humaines, larmes chaudes et salées.

4 / Le monde moderne est-il un oignon ?

Oui ! Le monde moderne tel qu'il semble éclore est comme l'oignon : il donne à pleurer.

NOTA/

Cet essai, à quelques micro-exceptions près, n'est étayé par aucun exemple, aucune citation, aucun renvoi, car ne participant pas de la pensée blue-jean il entend laisser à chacun son libre arbitre, conseillant d'ouvrir un œil critique et désintéressé, de lire entre les lignes, de ne pas être dupe et surtout, comme l'a écrit Salvador Dali de ne pas faire partie *« des cocus du vieil art moderne »* qu'on pourrait remplacer ici par Bazar Contemporain A titre prophylactique l'ouvrage propose une série de livres et de textes de référence écrits par des esprits libres, vrais, honnêtes et dont les auteurs, des résistants, seront un jour reconnus comme l'honneur d'une civilisation en péril.

OUVRAGES ET REFERENCES DE RESISTANCE :

Les cocus du vieil art moderne. *Salvador Dali* (Edit.Grasset)

Les Mirages de l'Art Contemporain. *Christine SOURGINS* (Edit. La Table Ronde)

Le métier perdu .*Claude Lévy-Strauss (*N°5, Le Débat)

La grande falsification.. *Jean-Louis Harouel* (Edit.Jean-Cyrille Godefroy*)*

Artistes sans Art . *Jean-Philippe Domecq* (edit. Esprit)

L'Art caché..*Aude de Kerros (*Edit. Eyrolles)

L'état culturel. *Marc Fumaroli* (Edit. de Fallois)

L'hiver de la culture. *Jean Clair* (Edit. Flammarion)

Le Manifeste de la Maison des Artistes (mai 2012)

DIVERS et SUR INTERNET :

Le blog de Catherine Sourgins.

Le blog du Schtroumpf Emergent par Nicole Esterolle

Les sites d'Art Contemporain et de dissidents de l'Art Contemporain.

Quelques revues à lire :

Art Tension-Univers des Arts-Pratique des Arts-

Des revues et textes à lire seulement si vous comprenez le *« chinois »* écrit en français, ou le moldovalaque ou encore le charabia qui fait « philosophique » :

Artpress, les opuscules des Artistes Comtemporains-

Les élucubrations des Critiques Patentés de l'AC. Etc.

Copyright Robert Moran (Mai 2012)

www.ingramcontent.com/pod-product-compliance
Lightning Source LLC
Chambersburg PA
CBHW051711170526
45167CB00002B/623